· PRESCHOOL ·

EDUCATION

职业教育学前教育专业新形态教材

学前教育学

主编 陈威 杨洁

重庆大学出版社

图书在版编目（CIP）数据

学前教育学 / 陈威, 杨洁主编. -- 重庆 : 重庆大学出版社, 2021.11
职业教育学前教育专业新形态教材
ISBN 978-7-5689-2753-6

Ⅰ. ①学… Ⅱ. ①陈… ②杨… Ⅲ. ①学前教育—教育理论—职业教育—教材 Ⅳ. ①G610

中国版本图书馆CIP数据核字（2021）第116440号

职业教育学前教育专业新形态教材

学前教育学

XUEQIAN JIAOYUXUE

主　编　陈　威　杨　洁

策划编辑：张菱芷

责任编辑：陈　曦　　装帧设计：琢字文化

责任校对：邹　忌　　责任印制：赵　晟

*

重庆大学出版社出版发行

出版人：饶帮华

社　　址：重庆市沙坪坝区大学城西路21号

邮　　编：401331

电　　话：（023）88617190　88617185（中小学）

传　　真：（023）88617186　88617166

网　　址：http：//www.cqup.com.cn

邮　　箱：fxk@cqup.com.cn（营销中心）

全国新华书店经销

重庆五洲海斯特印务有限公司印刷

*

开本：889mm×1194mm　1/16　印张：6.25　字数：196千

2021年11月第1版　　2021年11月第1次印刷

ISBN 978-7-5689-2753-6　定价：52.00元

编委会

主　编：陈　威　杨　洁

副主编：苏　倩　杨贺芳

Preface

何为学前教育学？通俗来讲，学前教育学是研究小学前年龄段（0~6岁或7岁）儿童身心发展与教育、学前教育服务人员专业素质及成长、各种形式学前教育组织与活动、不同区域内学前教育事业发展等方面的一门科学。学前教育学主要以教育学的基本原理为基础，研究学前教育的对象、任务、内容、手段和方法，揭示在各种教育活动中对儿童施加教育影响，促进学前儿童健康发展的规律。学前教育学也以相邻学科，如生理学、心理学、生态学等的基本理论和最新的研究成果为科学基础。通过学习这本教材，学生可以掌握学前教育的基本理论知识和实践技能，锻炼提出问题、解决问题的能力，培养独立思考的能力，提高教学水平。

改革开放以来，围绕学前教育学的改革一直论争不断。学前教育学作为学前教育专业的主干课程，其内容、范围一直是有变化的。随着学前教育学科本身的发展，以及新的教育观念的不断引入，尤其是在学前教育专业不断新设专业课程的背景下，这门课程内容的改革势在必行。改革的途径有两个：一是简化学前教育学体系，已经单独生发课程的就精简内容，有些甚至不再单独设章；二是遵循学科发展的逻辑，把已经单独设立课程的内容全部剥离，这样"学前教育学"就转化为"学前教育原理"。我们认为，从长远的课程建设来考虑，应该采用第二个途径，这样可以使课程的发展更聚焦，路线更清晰。但从我国学前教育专业发展的现状来看，大部分院校的学前教育专业课程分化程度还不高，很多课程还没有能力开设，如果采用第二个途径，势必造成学生专业知识的空缺。因此，本书采用课题总结的方式，将实际问题放到现实生活中来，发现问题、解决问题，寻找学前教育学与各个领域之间的关系。

本教材共分为八个单元，内容包括：学前教育概述、学前教育与社会的关系、学前教育和儿童身心发展、学前教育理论流派、幼儿园的教育活动、幼儿园的教师、学前教育与家庭社区、幼小衔接问题分析，这些单元的课题基本涵盖了目前学术界对学前教育学的研究及应用。

儿童是社会的希望、人类的明天，因此为儿童的健康成长提供条件是家庭和社会的责任。社会对儿童的高度关怀，是社会文明发达的标志。儿童是未成熟的人，儿童长大成熟要经历学龄前期和学龄期这两个关键阶段。而学龄前期是学龄期的前奏和准备时期，是人生的重要阶段。教育要从学龄前期开始，以使儿童更早、更好地接受学校教育，培养他们成为国家有用之材。

编者

2021年3月

《学前教育学》教学安排

课程学分：4学分
课程总学时：64学时
课程性质：专业基础课（必修）
建议修读学期：第一学期
适用专业：学前教育专业

1 课程目标

1）总体目标

①掌握学前教育基本原理，寻求促进学前儿童身心全面和谐发展的规律和方法。
②了解幼儿教育的实质，学会审视、分析当前幼儿教育实践中存在的问题。
③培养自主学习能力和团队合作能力，以此养成良好的学习习惯，夯实专业知识功底。

2）具体目标

具体目标	内 容
知识目标	·掌握学前教育学的产生和发展阶段，了解学前教育思想家及其教育思想 ·理解学前教育和社会发展之间的关系 ·明确学前教育和儿童身心发展的关系，了解儿童发展的基本观点 ·熟悉学前教育理论流派及其在学前教育中的应用 ·了解幼儿园的教育活动的特点及设计原则 ·明确幼儿教师的职业特点、职业素养及专业发展要求
能力目标	·能说出学前教育学的对象、目的与任务 ·能够应用相关理论讨论影响儿童身心发展的因素 ·能够运用相关知识设计和组织符合幼儿发展特点的教育活动 ·能对学前教育活动的组织与实施进行评价 ·能够处理好幼儿园与家长工作、社区工作的关系 ·能够合理设计与组织幼小衔接
素质目标	·热爱学前教育事业，尊重幼儿教师职业 ·树立正确的儿童观、教育观 ·热爱每一个儿童

2 课程地位

本课程主要研究幼儿学习规律与特征以及教师如何有效开展教育教学活动的理论，以期促进幼儿学习和身心的健康发展。本课程后续课程包括学前卫生学、学前教育教师职业道德与政策法规、学前教育史、幼儿园课程、幼儿园环境创设、学前儿童教育活动设计（五大领域）、幼儿园游戏组织、幼儿园管理、顶岗实习等。

3 教学内容

	单元目标	主要内容	重难点	理论学时
单元 1 学前教育概述 （8学时）	1. 理解、识记教育、学前教育、学前教育学、幼儿教育、早期教育等概念 2. 了解学前教育学的对象 3. 明确学前教育学的产生与发展过程	1. 学前教育与学前教育学 2. 学前教育学的产生与发展	**重点：** 1. 学前教育与学前教育学的概念 2. 学前教育学的研究对象、目的与任务 3. 学前教育学的产生与发展 **难点：** 1. 学前教育学的产生和发展历程 2. 一些教育家的重要的学前教育思想	8
单元 2 学前教育与社会的关系 （8学时）	1. 掌握国外学前教育的产生和发展趋势 2. 能够阐述我国现当代学前教育的发展方向和职能 3. 明确学前教育与政治、经济、文化的关系	1. 国外学前教育的产生与发展 2. 我国学前教育的发展 3. 学前教育与社会发展的关系	**重点：** 1. 国外学前教育的产生与发展 2. 我国现当代学前教育的发展 3. 学前教育与社会发展的关系 **难点：** 学前教育与政治、经济、文化的关系	8
单元 3 学前教育和儿童身心发展 （8学时）	1. 了解学前儿童观的内容及演变 2. 掌握影响儿童身心发展的因素 3. 理解儿童身心发展的基本特征	1. 儿童观的演变与构建 2. 影响儿童身心发展的因素 3. 儿童身心发展的基本特征	**重点：** 1. 学前儿童观 2. 影响学前儿童身心发展的因素 3. 儿童身心发展的基本特征 **难点：** 1. 影响学前儿童身心发展的因素 2. 儿童身心发展的基本特征	8

续表

	单元目标	主要内容	重难点	理论学时
单元 4 学前教育理论流派 （8学时）	1. 了解学前教育主要理论流派及其教育思想 2. 掌握一些学前教育家的重要的学前教育思想 3. 了解相关教育理论在学前教育中的应用	1. 杜威的儿童观及其学前教育理论 2. 蒙台梭利的学前教育理论 3. 精神分析理论在学前教育中的应用 4. 成熟理论在学前教育中的应用 5. 社会学习理论在学前教育中的应用 6. 皮亚杰的认知发展理论与学前教育	**重点：** 1. 杜威的儿童观及学前教育理论 2. 蒙台梭利的学前教育思想 3. 皮亚杰的认知发展理论 **难点：** 1. 精神分析理论在学前教育中的应用 2. 成熟理论在学前教育中的应用 3. 社会学习理论在学前教育中的应用	8
单元 5 幼儿园的教育活动 （8学时）	1. 了解学前教育活动的理论和类型 2. 把握学前教育活动设计的基本要点 3. 理解学前教育活动评价的原则和方法	1. 学前教育活动概述 2. 学前教育活动设计 3. 学前教育活动评价	**重点：** 1. 学前教育活动设计的本质特点和基本环节 2. 学前教育活动设计的原则 3. 学前教育评价的原则和方法 **难点：** 不同类型学前教育活动设计的基本规范	8
单元 6 幼儿园的教师 （8学时）	1. 了解幼儿园教师的职业特点 2. 掌握幼儿园教师的基本素质要求 3. 明确幼儿园教师的专业发展的相关知识	1. 幼儿园教师的职业特点 2. 幼儿园教师的职业素养 3. 幼儿园教师的职业培训	**重点：** 1. 幼儿园教师劳动的特点 2. 幼儿园教师的权利和职责 3. 幼儿园教师的职业素养 **难点：** 幼儿园教师专业发展的途径	8
单元 7 学前教育与家庭社区 （8学时）	1. 理解家庭教育、社区学前教育的作用及特点 2. 懂得幼儿园家长工作的任务原则及方式方法 3. 基本掌握与家庭、社区合作的方法	1. 家庭教育及其作用 2. 家庭教育的特点和要求 3. 幼儿园的家长工作 4. 社区与社区学前教育	**重点：** 1. 家庭教育的特点和基本要求 2. 幼儿园家长工作的任务、原则、方式方法 **难点：** 幼儿园家长工作的方式方法	8

续表

	单元目标	主要内容	重难点	理论学时
单元8 幼小衔接问题分析 （8学时）	1. 理解幼儿园与小学衔接的意义、任务和内容 2. 懂得幼小衔接存在的问题及注意事项 3. 基本掌握幼儿园与小学衔接的方法	1. 入学指导的意义及任务 2. 如何实现幼小衔接 3. 幼小衔接问题的解决策略	**重点：** 1. 幼小衔接的任务和内容 2. 幼小衔接的主要问题及注意事项 **难点：** 如何实现幼小衔接	8

4 教学方法与手段

根据"学前教育学"课程的特点、学生的学情以及学生未来的岗位需要，教学主要以讲授法为主，讨论法、练习法、案例教学分析法等为辅。

5 课程考核与评价

总评成绩由形成性考核和终结性考核成绩两部分组成，两者均按百分制计分。

课程总评成绩＝形成性考核（40%）+终结性考核（60%）

其中，形成性考核（40%）由平时成绩（10%）、作业练习（20%）、阶段测验（10%）三部分构成。终结性考核（60%）为理论上机考试。终结性考核采用闭卷考试方式，考试时间为2小时；考试题型主要包括填空题、单选题、多选题、简答题、论述题等。

Contents

目录

学前教育概述

课题一　　学前教育与学前教育学

1 "教育"的含义

学前教育与学前教育学这两个概念都与"教育"有关。广义上，教育是有意识地、以影响人的身心发展为直接和首要目标的社会活动。"人"指各种年龄的受教育者。"有意识地"是为了把教育与其他并非有意、但可能对人身心发展产生影响的社会活动区别开来。"直接"有两层含义：一是不以影响人身心发展为直接目标的活动都不属于专门的教育活动，如医疗卫生事件、法律事件等都可能影响到人的身心发展，但都不在教育学研究范畴中。同样，"是生活的经历教育了我"这句话中的"教育"也不是上述概念中的"教育"，因为这种"教育"不是外力有意识地施加的影响。二是教育除了影响人的身心发展之外，还有间接的目标，如推动社会发展等。

狭义上，教育是教育者有目的、有计划、有组织地对受教育者施加影响、促使其身心得到发展的社会活动。其特征是有目的性、计划性、组织性。与广义一样，教育都具有目的性和计划性，但狭义上的"教育"还有另外一个重要的特征，即"组织性"。狭义上的"教育"往往不是个别行为，而是有一定的机构组织且具有一定的规模的。所以，狭义上的"教育"也就是学校教育，包括学校组织的函授教育等。

2 学前教育

学前教育与学前教育学的含义在本质上与"教育"的概念无异，都强调目的性、计划性，但针对的对象不同。

学前教育是旨在促进学前儿童（0～6、7岁）的身心全面、健康与和谐发展的各种社会活动与措施的总和。这里的"0岁"不仅仅是婴儿刚出生的时候，还指出生之前、还在母腹中的时候，即胎儿时期。对胎儿的教育也就是胎教，但因为胎教主要是家庭之事，教育机构很难直接参与，因此，我国的学前教育往往是指孩子出生以后所施加的教育。"入小学前"并没有一个明确的标准，儿童到底是5岁还是6岁入学，往往受各种因素的影响。我国2006年修订的《中华人民共和国义务教育法》规定，儿童入小学的年龄要满6周岁。

3 学前教育学

学前教育学是指研究和探讨学前儿童教育现象及其规律的一门学科，其研究对象是从出生至六七岁的儿童。学前教育学是教育学的一个分支。研究范围涉及托儿所、幼儿园、学前班、家庭乃至社会的某些方面。目前，幼儿园是我国主要的学龄前儿童教育机构，因此学前教育学更多的是关注幼儿园的教育优化问题。

4 幼儿教育与幼儿教育学的概念

幼儿教育是指对3～6岁年龄阶段的幼儿所实施的教育和保育。幼儿教育学是一门研究3～6岁幼儿教育规律和幼儿教育机构的保教工作规律的科学。

因此，学前教育包含幼儿教育；学前教育学包括幼儿教育学。但在目前，我国学前教育机构的主体是3～7岁的幼儿，3岁之前的幼儿往往是在家里由亲人照顾，或是在亲子活动中心里接受部分时间的专业指导，因此人们往往也会用"幼儿教育"指代"学前教育"。

5 早期教育的界定

在西方国家，学前教育的概念与我们的有所不同。他们惯常使用"早期教育"一词，指针对0～8岁儿童的教育，相当于我国小学三年级之前的教育。在美国、加拿大等国家，8岁之前儿童的教育又分为好几个阶段，相应的称呼也有区别。

幼儿园招收的对象往往只是5岁的儿童，这是儿童在入读小学一年级之前的一个学段；学前阶段则是未入读幼儿园（Kindergarten）的3岁和4岁儿童就读的学前班；3岁以下儿童入托或入读的园所则被称为婴幼儿计划。目前，幼儿园已成为美国正规国民教育学制的起点。自幼儿园至12年级（高中毕业）的国民教育即是一般简称为K-12的教育体制。[1]其中，K-3年级（即5～8岁）的儿童在教育理念、教育模式及环境布置上都具有共性。

6 学前教育学的对象

学前教育学主要研究托儿所、幼儿园教育，但也对家庭教育和社会教育有指导作用。托儿所、幼儿园教育和家庭教育及社会教育在教育目的、任务和原则等方面是基本一致的，这样就给学前教育学指导家庭教育及社会教育提供了可能性。同时，家庭教育对儿童身心的发展有极为重要的影响，而且尚有一些儿童未进托儿所、幼儿园，学前教育学兼顾到指导家庭教育及社会教育，也是必要的。

学前教育学的任务还在于总结我国学前教育的经验，研究学前教育理论，并借鉴国外学前教育的理论与实践，帮助托儿所、幼儿园和家庭科学地对儿童进行教育，为培养新生一代的基础教育做科学指导。学前教育学也为国家和有关部门制定学前教育的政策、措施和进行教育改革提供理论依据，并为学前教育和教育科学的提高和发展做出努力。

学前教育学以教育学、生理学、心理学的基本原理为基础，研究学前教育的任务、内容、基本原则、方法和儿童身心发展规律，揭示教育者可以通过哪些方法和手段来对儿童施加教育影响，促进儿童身心全面和谐发展。

学前教育学与其他教育科学的分支学科有着密切的联系：普通教育学提供了教育的基本规律；教育史研究各种具体历史条件下教育思想和实践的发展；托儿所教育研究托儿所的保育和教育；课程论、幼儿园课程论、幼儿园教学活动的组织与指导等学科也充实、丰富了学前教育学的内容。学习这些教育学科可以提高学前教育学的理论水平，了解学前教育思想的来龙去脉，加深对学前教育学的

---

1 林秀锦. 美国各级政府与学前儿童的保育和教育 [J]. 幼儿教育：教育科学版，2006（9）：39-43.

认识。

由于各门学科的相互渗透，学前教育学与其他相邻学科的关系也日益密切。生理学揭示儿童生理发展的规律和特点，心理学研究心理发展的客观规律和儿童的心理过程及特点，这是对学前儿童进行教育和教学的依据。卫生学研究如何促进儿童的生长发育，增进儿童健康，与学前儿童体育的理论与实践具有密切的联系。学前教育学还和人类学、社会学、生态学、遗传学、伦理学、美学、语言学等学科有密切联系。

课题二　学前教育学的产生与发展

学前教育学作为一门独立的学科，是随着社会的发展、科学研究对学前儿童不断加深的认识，而逐渐形成和发展起来的。一方面，社会的进步提高了对社会现有的劳动力及未来的生产力的要求，促进了学前教育机构及理论的发展；另一方面社会生产力的进步也使得越来越多的人从物质生产中脱离出来，专门从事教育事业。同时，科学文化的发展，也使得人们对儿童的发展有了更深刻的认识，这些都促进了学前教育理论及学科的形成和发展。

不同的学者对学前教育理论的形成及发展历程划分的阶段不同，如阎水金老师和蔡迎旗老师所做的分类就不同。本文基于阎水金老师的分类，做了适当的调整。

1 孕育阶段：15 世纪之前

这一历史时期，人们有了学前教育思想的萌芽，散见于谚语中，如"教儿婴孩，教妇初来""三岁看大，七岁看老"等。这时的主张大多是零散的、不系统的，处于经验总结水平。

2 萌芽阶段：16—18 世纪前期

世界教育史上，曾经长期存在着双轨制：一轨是贵族家庭子女的发展路径：从家庭教育到文实中学，再到高等教育机构的大学；另一轨主要是平民子女的发展路径，主要是初等小学到高等小学，然后毕业走上社会。因此，关于学前教育的理论发展得非常缓慢，学前教育思想大量见诸教育学的论著中，与普通教育理论一起笼统地加以论述。有影响的教育家及其论著如下所述。

1）夸美纽斯

夸美纽斯是捷克著名的教育家，他的著作《母育学校》写于1632年，是他为父母们所写的学龄前儿童教育指南，也是世界上第一部系统地论述在家庭教育形式下学前儿童教育的专门著作，其中他详细论述了孕妇应注意的事项，母亲亲自喂养的必要性，学前儿童的饮食营养、生活习惯、运动、游戏、玩具等，并特别重视儿童的活动与表现。

夸美纽斯的《世界图解》被认为是第一本儿童插图书籍。夸美纽斯认为：任何事情在它产生的早期，比较容易定型，但是，当它成长到相当坚硬的阶段之时，它就不容易得到改变。例如，植物在它生长的初期，能够被种植、移植、修剪，很容易就能够使其弯曲，在它长成一棵树以后，这些过程就不可能完成。孩子也是如此，因此教育应当在儿童的早期尽早开始。

当然，教育也应当遵循自然发展的秩序，因为这种"自然秩序"暗示了一种成长与学习的时间表的存在。而重视"自然秩序"的教育，必然强调感官的作用，即教学的规律应该是将任何事情放置在儿童的感官之前。例如，物体或者物体的图画没有摆在儿童面前之时，不应当告诉这个物体的名称。他的《世界图解》就是通过图画与文字，帮助儿童学习事物与概念的名称。

2）洛克

洛克是英国哲学家、经验主义的开创人，同时也是第一个全面阐述宪政民主思想的人，在哲学以及政治领域都有重要影响。教育上，他反对天赋观念，提出并且推广了著名的"白板说"，并由此极为重视早期教育的作用，他认为儿童的心灵是一张没有任何特征、没有任何观点的白纸，武装人心灵的是经验，"通过经验，我们形成了我们所有的知识，人的心灵最终来自人的经验"，而"幼小时所得的印象，哪怕是极微小的，小到几乎察觉不出，都有极重大极长久的影响，正如江河的源泉一样，水性很柔弱，一点点人力便可以把它导入他途，使河流的方向根本改变，最后流到十分遥远的地方去了"。

3）卢梭

卢梭是法国伟大的启蒙思想家、哲学家、教育家、文学家，是18世纪法国大革命的思想先驱，启蒙运动最卓越的代表人物之一。卢梭成为一个教育家，源于他的教育小说《爱弥儿》（Emile）。在这本书中，他通过一个虚构的儿童爱弥儿从出生到成年的教育过程，系统阐述了他的自然教育理论，其理论在当时非常激进。

卢梭对儿童的天性持着非常积极的看法，在《爱弥儿》的开篇他就说："出自于造物主之手的东西，都是好的，而一到了人的手里，就全变坏了。"由此，他极力倡导回归自然，主张一种叫作自然主义的教育方法，即我们应当观察儿童的成长，并且在适当的时候提供经验，使教育与人身心发展的各个阶段相一致，既不超前也不滞后。

3　初创阶段：18 世纪后期—19 世纪前期

18世纪中期以后，学前教育理论建立起独立的范畴和体系，并从普通教育学中分化出来，成为独立的学科。有影响的人物有以下几位。

1）欧文

欧文出身贫寒，当过学徒、店长，后来成为了一家工厂老板，也是一位慈善家，典型的空想社会主义者。像其他教育家一样，他不仅强调"教育下一代是最最重大的问题，是每一个国家的最高利益所在"，而且坚持认为"环境决定人的性格"，儿童的行为主要受到环境的影响，而且性格最容易从小培养，由此，1802年他创办了世界上第一所儿童学校，包括托儿所和幼儿园，要求儿童出生后就开始受优良的体、智、德、行等方面的教育，把他们培养成体、智、德、行全面发展的有理性的人，也就是既能从事体力劳动又能从事脑力劳动的人。而为了培养全面发展的人，就必须按照他们年龄的大小进行分组，筛选相应的教学内容，选择优秀的教师，让他们受到适合其年龄特征和本性的教育。

2）福禄贝尔

福禄贝尔出生9个月，其母就病逝，忙于工作的父亲和感情冷漠的继母都对福禄贝尔缺乏必要的热情和关心，导致他幼年时代的生活孤独而寂寞。童年的遭遇使他养成了独自思考的习惯，很早就发展出了对大自然的爱和对自然规律的追求，也使他认识到母爱和家庭的重要，为了幼儿教育奉献了自己毕生的精力，并由此被称为"幼儿园之父"。

福禄贝尔的贡献在于他发展了一套课程与教育方法学，涉及幼儿学习的特点、课程、方法以及教师培训等领域。

他接受了夸美纽斯及卢梭等人的观点，认为儿童的天性和学习是"自然展露"的过程，这个过程类似于花朵从花蕾到开花的过程。因此，他将儿童比喻为一粒种子，能够种植、发育、长出嫩芽、成熟并能结果的植物，相应地，教育者即是园丁，园丁需要依据"种子"的天性与大自然的规律来培育他们，在儿童准备去学习的时候，使他们能够学习他们准备去学习的内容，并为这种学习提供相应的活动。

儿童天性喜欢游戏，但毫无章法的、没有指导和启发的游戏有一种潜在的危险，即儿童很少能够产生真正的学习，甚至还会出现错误的学习，因此教师要引导和指挥儿童的学习。为此，福禄贝尔提出了一套系统的、计划周密的幼儿教育课程，其教育课程基础是"恩物""作业"，他还创作了教育性的歌曲以及游戏。

无疑，他们的探索和努力对学前教育理论和实践的发展都产生了巨大的影响。

4 发展阶段：19 世纪中期—20 世纪中期

19世纪中叶以来，学前教育逐渐发展为一门独立的学科，但仍停留在经验的描述和简单的形式逻辑推理上。至20世纪中叶，学前教育学跨入了新阶段，生理学、社会学、心理学、脑科学以及教育经济学的发展及研究成果逐渐被运用到学前领域，为学前教育事业的发展提供了科学基础，使得学前教育呈现出新的发展趋势。其中美国的教育家杜威及意大利的幼儿教育家蒙台梭利对学前教育事业的发展做出了杰出的贡献，他们的主要活动、教育思想及贡献，几乎出现在每一本教育史著作中，本书后面的章节也会提到，因此这里就不作阐述。

学前教育与社会的关系

课题一　国外学前教育的产生与发展

随着社会的发展，母亲开始加入社会生产劳动，儿童无人照管，从而出现了在家庭以外建立学前机构的社会需要。同时，随着文化教育的发展，人们对儿童和儿童教养问题也逐渐重视起来，推动了学前教育机构的建立和发展。在资本主义发展较早的欧洲各国先后出现了简易的学前儿童教养机构，其中最早的教养机构创办者是法国牧师奥柏尔林。他聘请青年妇女照顾那些在田间劳动的父母的小孩，教小孩游戏，还带小孩在田间散步、收集植物标本，教大一些的小孩纱、织。奥柏尔林的革新引起地方上的反对，但是法国政府却给他一笔奖金。之后，法国的一些托儿所也受到政府的支持。

在工厂制度建立后的19世纪上半叶，为了解决母亲外出工作子女无人照管的问题，以及为贫苦家庭的儿童提供福利，世界上许多国家都先后举办了托儿所和日托中心，如德国（1802年）、荷兰（1815年）、比利时（1825年）、法国（1844年）和美国（1854年）等。这些学前教育机构一般收托年龄范围从1～2岁至5～6岁的儿童，收托时间都是全日制的，学前教育的目的也很简单，主要是使儿童的生活有人照料，不致发生意外事故。

与此同时，德国教育家福禄贝尔1837年在勃兰根堡（现柏林西南）创设了收托1～7岁儿童的教育机构，设计和使用他称为"恩物"的玩具材料，实验他的教育设想，并于1840年首次命名为幼儿园（Kindergarten，取意儿童如大自然万物在花园中自由、苗壮地成长）。这一名称在国际上沿用至今。虽然福禄贝尔所开办的幼儿园不久便被德国政府以宣传无神论的罪名禁止，直到他死后才解除禁令，但在以后的二三十年中，福禄贝尔所创办的幼儿园，在许多国家流传开来。在德国、奥地利、比利时、加拿大、英国、匈牙利、日本、荷兰、瑞士、美国等国的大城市都先后建立了幼儿园。我国在1903年也开始开办幼儿园。福禄贝尔为世界各国幼儿园的建立和发展奠定了最初的基础。

自20世纪80年代以来，加强学前教育成为世界教育的主要目标之一。许多国家把学前教育作为整个教育的基础，学前教育逐步被纳入义务教育和终身教育体系，在学前教育的目标、制度、内容、方式和方法等方面，都出现一些新的趋势。20世纪80年代以来，尤其是90年代世界发达国家学前教育发展的一般趋势如下：

1 学前教育得到进一步重视

20世纪下半期以来，美国经济学家舒尔茨（T. W. Schultz）的人力资本理论风靡欧美，使得人们认识到教育的投资具有重大的经济发展价值。与此相应，同时期在欧美一些国家进行的实验研究与教育跟踪研究表明，儿童早期教育的投入将影响未来居民的整体素养、促进潜在人力资源的开发，从而能产生长远的经济效益。如美国持续实施40余年的"开端计划"及"佩里学前教育研究计划"、英国所进行的学前教育价值的追踪研究等在这方面都是很好的证明。因此，学前教育事业得到了各国社会及政府的进一步重视，瑞典甚至将三分之一的基础教育经费投入到学前教育。

2 越发强调教育的公平

我国《国家中长期教育改革和发展规划纲要（2010—2020年）》明确指出："把促进公平作为国家基本教育政策。教育公平是社会公平的重要基础。教育公平的基本要求是保障公民依法享有受教育的权利，关键是机会公平，重点是促进义务教育均衡发展和扶持困难群体，根本措施是合理配置教育资源，向农村地区、边远贫困地区和民族地区倾斜，加快缩小教育差距。教育公平的主要责任在政府，全社会要共同促进教育公平。"为此，要建成覆盖城乡的基本公共教育服务体系，实现基本公共教育服务均等化，缩小区域差距。努力办好每一所学校，教好每一个学生，不让一个学生因家庭经济困难而失学。切实解决进城务工人员子女平等接受义务教育问题。保障残疾人受教育权利。

3 国家承担学前教育的费用

立法是学前教育发展的根本保障。随着学前教育的重要性日益为人们所认识，世界上一些发达的国家如英、法、美等，都很早地开始了学前教育法制化建设及管理，以保证有章可循、有法可依。如法国从19世纪30年代、英国从19世纪40年代、美国和日本从19世纪70年代就出台了学前教育的法规和政策。20世纪到21世纪，各国的立法及相应的保障更是日益规范。在一些发达国家，甚至出现了把幼儿教育纳入义务教育体系的趋势。有的国家甚至明确规定5岁及以后的幼儿教育就是义务教育。

4 进一步强调学前教育的科学化

教育发展的历史表明，近代以来，教育的每一次重要进步往往都与心理学、脑科学的进展及其在教育实践中的运用有重要关系。20世纪的重大心理学思潮及脑科学研究如行为主义、人本主义心理学、认知结构理论、多元智能理论、建构主义理论、最近发展区学说等都对学前教育产生了重大影响。这都表明用科学技术手段研究学前教育、用科学的成果和方法指导学前教育的实践，成为必然的趋势。

5 学前教育重心转移

20世纪60年代，美、日、苏等国在冷战和"知识爆炸"等因素的压力下，都强调加强幼儿的早期智力开发，导致"智育中心"，忽视学前儿童社会性和情感的发展。随着冷战时代的结束和人文主义教育观的复归，人们意识到，各育之间是相互联系的，社会和情感问题应被看成智能发展的一个重要组成部分，应该尊重、研究和了解幼儿的特点，提供适合他们发展的教育。

进入20世纪80年代以来，世界发达国家学前教育目标有一个明显的变化，那就是由"智育中心"向注重整体发展方向转变。

6 学前教育机构的形式和功能比较多样

一是扩大幼儿园服务社会的功能。如日本，除全日制和半日制保育以外，还发展了临时保育事业，以方便家庭主妇出门临时购物，为未入园儿童及家长提供活动条件，为低龄学童提供放学后的托管服务等。

二是学前教育机构微型化和家庭化。如瑞士和挪威等国"日间妈妈"的家庭式微型幼儿园，把家庭视为幼儿教育的主体，这类幼儿园一般都设在开办人自己家里。

　　三是社区学前教育机构。大致有三种：有专为儿童设立的，如儿童馆、玩具馆、儿童咨询所、儿童公园等；有为儿童与家长共同参与服务的，如图书馆、博物馆、儿童文化中心等；还有父母教育场所，如母亲班、双亲班和家长小组等。

课题二　我国学前教育的发展

　　在我国灿烂的古代文化中就有重视儿童教育的传统，其中也有涉及学前儿童教育的部分。但在长期的封建社会中，高度中央集权的封建统治制度及自给自足的小农经济制度使经济发展缓慢。在这漫长的历史时期，学前儿童都在家庭中受教育。直到19世纪末期，我国学前教育机构开始建立，这是我国幼稚园的萌芽。1885年，有些西方国家的教会先后在宁波、上海等地开办幼稚园，到1904年已有6所。教会所办托幼机构在客观上对我国学前教育起了重要的影响。清末，我国自办的幼稚园主要仿效日本，并受到教会的影响，幼稚园的数量较少。19世纪末期，我国日益处于内忧外患的处境之下，清政府为了缓和社会矛盾，于20世纪初开始废科举、兴学堂，确定了新的学制系统。学前教育机构的问题也逐步引起政府的重视。

①　我国现代学前教育的发展

1）学前教育在国民党统治区的发展

　　1922年之后，学前教育有了更多的发展。一方面，教育部颁布了新学制，幼稚园正式列入学制系统，招收6岁以下儿童。1932年，教育部颁布《幼稚园课程标准》（1936年修订），其中规定："幼稚教育总目标为：①增进幼稚儿童身心的健康；②力谋幼稚儿童应有的快乐和幸福；③培养人生基本的优良习惯（包括身体、行为各方面的习惯）；④协助家庭教养幼稚儿童，并谋家庭教育的改进。课程有音乐、故事和儿歌、游戏、社会和常识、工作、静息及餐点等。"

　　另一方面，国外较成熟的学前教育思想和办学经验于此时开始大量传入我国，人们开始了解福禄贝尔、蒙台梭利、杜威等人的教育思想。当时教会设立的幼稚园数量多（1924年我国有幼稚园190所，其中教会设立的为156所，占82%）、影响大，因此，幼稚园的教育内容和方法开始转向学习欧美，强调儿童的自由发展，采用设计教学法，甚至连房舍布置也都照搬外国。

2）学前教育在老解放区的发展

　　老解放区的学前教育，指的是从1927年大革命失败以后，到1949年中华人民共和国成立以前，在中国共产党领导下建立起来的革命根据地、抗日根据地和解放区的学前教育。学前教育机构适应革命战争的需要而建立和发展起来。

　　1934年，苏维埃地区中央内务人民委员部颁布了《托儿所组织条例》，制定了组织托儿所的目的、办所条件、保教人员标准、编制和环境设备等，目的是"为着要改善家庭，使托儿所来代替妇女担负婴儿的一部教养责任，使每个劳动妇女尽可能地来参加苏维埃各方面的工作，并使小孩子能得到更好的教育和照顾，在集体中养成共产儿童的生活习惯"。当时曾在江西瑞金试办了两所托儿所，收20余名幼儿，主要对象为红军子女。1941年又颁布了《陕甘宁边区政府关于保育儿童的决定》，对于产妇的保健待遇，儿童保育，托儿所的建立，孕妇、儿童的待遇和营养标准，保育员待遇都做了具体规定。

2 我国当代学前教育的发展

中华人民共和国成立后，我国学前教育的发展掀开了崭新的一页。党和政府对妇女解放和全体学前儿童的健康成长问题给予了较大的关注，提倡大力发展学前教育，有力推动了我国学前教育各项事业的发展。

1）确立学前教育新的社会性质和双重任务

在我国，党和政府十分关心儿童的健康发展，规定不论种族、家庭经济、文化及城乡地区，每个学前儿童均应受到平等的关怀，根据经济发展的实际，尽可能逐步为每个儿童提供身心健康发展的条件，并重视少数民族子女和残障儿童的问题。在中华人民共和国成立之初颁布的《共同纲领》中规定："注意保护母亲、婴儿和儿童的健康。"后来，又在《中华人民共和国宪法》中规定："婚姻、家庭、母亲和儿童受国家保护。"

1952年教育部颁布的《幼儿园暂行规程（草案）》总则第二条规定："根据新民主主义教育方针教育幼儿，使他们的身心在入小学前获得健康发展，同时减轻母亲对幼儿的负担，以便母亲有时间从事政治、生产活动和文化教育活动等。逐步为全体儿童提供卫生保健和医疗条件。"

这一规程也规定了我国的托儿所、幼儿园要担负的双重任务：一方面有教养儿童的任务，促进儿童身心全面健康发展，"为儿童一生的发展打好基础"；另一方面又有社会公共福利的任务，解除广大职工、居民后顾之忧，减轻家长在教育孩子方面的负担，急家长所急，解决他们的困难，为家长安心参加工作提供便利条件。托儿所、幼儿园不仅关系到广大职工和群众的切身福利，又和各行各业的建设息息相关。托儿所、幼儿园的双重任务，根据具体条件的不同，各有侧重，但两者又是相互关联、彼此促进的，应围绕教养好儿童这个目标而统一实现双重任务。

2）根据国情和具体条件积极发展学前教育事业

在中华人民共和国成立之初，各地根据具体情况有计划地发展托儿所、幼儿园，采取政府统一办园和依靠社会各方面力量办园相结合的方针，积极发展学前教育事业，为学前儿童提供更多的受教育机会。1959年教育部、卫生部、内务部颁发的《关于托儿所、幼儿园几个问题的联合通知》中提出：托儿所、幼儿园的发展方针是应按照"全面规划、加强领导"和"又多、又快、又好、又省"方针，根据需要和可能性的条件积极发展。在城市由厂矿企业、机关、团体、群众举办，在农村提倡农业合作社举办（主要是季节性托儿所、幼儿园），同时还提出卫生、教育行政部门应办好几个托儿所、幼儿园，使它们起示范作用。办园形式也灵活多样。

1989年，国家教育委员会颁布了《幼儿园工作规程（试行）》（1993年3月修改）和《幼儿园管理条例》两个重要文件，进一步明确了学前教育事业发展的方向，推动了学前教育事业的发展。如《幼儿园管理条例》中提出："地方各级政府可以依据本条例举办幼儿园，并鼓励和支持企业、事业单位、居民委员会和公民举办幼儿园和捐资建园。"在国家方针的指导下，我国学前教育事业得到稳妥、健康的发展。由国家、部委举办的一些托儿所及幼儿园教育质量较高；由机关、学校、工厂、企业和部队主办的托儿所、幼儿园在发展数量中占大多数，一般设备较好；由城市街道主办的托儿所、幼儿园，有些是托儿所、幼儿园结合在一起，放宽收托年限，在为家长服务、勤俭办园上有优良传统。私人办的托儿所、幼儿园有多种多样的形式，也解决了群众困难。在农村由相关部门举办的农村的托儿所、幼儿园形式灵活多样，大多是收托各种年龄孩子的混合班，还发展出了小学附设的学前班等。

3）制定统一的幼儿园教育任务，提高教育质量，促进儿童身心全面健康发展

1952年颁布的《幼儿园暂行规程（草案）》及《幼儿园暂行教学纲要》提出了学前教育促进儿童全面发展的总方针。此后，随着学前教育深入的发展，相应的更为明确的教育任务和内容被提出。1981年卫生部颁布的《三岁前小儿教养大纲（草案）》提出："托儿所教育工作的任务，就是要培养小儿在德、智、体、美各方面得到发展，为造就体魄健壮、智力发达、品德良好的社会主义新一代打下基础。"同年教育部颁布的《幼儿园教育纲要（试行草案）》中也提出："根据我国的教育方针和总的培养目标，结合幼儿的年龄特点，幼儿园的教育任务应是向幼儿进行体、智、德、美全面发展的教育，使其身心健康活泼地成长，为入学打好基础，为造就新一代新人打好基础。"

1996年国家教育委员会颁布的《幼儿园工作规程》（以下简称《规程》）也明确规定幼儿园保育和教育的主要目标："促进幼儿身体正常发育和机能的协调发展，增强体质，培养良好的生活习惯、卫生习惯和参加体育运动的兴趣。发展幼儿智力，培养正确运用感官和运用语言交往的基本技能，增进对环境的认识，培养有益的兴趣和求知欲望，培养初步动手能力。萌发幼儿爱家乡、爱集体、爱劳动、爱科学的情感，培养诚实、自信、好问、友爱、勇敢、爱护公物、克服困难、讲礼貌、守纪律等良好品德行为和习惯以及活泼开朗的性格。培养幼儿初步的感受美和表现美的情趣和能力。"

2001年教育部颁布的《幼儿园教育指导纲要（试行）》（以下简称《纲要》）又指出："幼儿园教育是基础教育的重要组成部分，是我国学校教育和终身教育的奠基阶段。""幼儿园教育应当贯彻国家的教育方针，坚持保育与教育相结合的原则，对幼儿实施体、智、德、美诸方面全面发展的教育，全面落实《幼儿园工作规程》所提出的保育教育目标。""幼儿园教育的内容是广泛的、启蒙性的，可按照幼儿学习活动的范畴相对划分为健康、社会、科学、语言、艺术等五个方面，还可按其他方式作不同的划分。各领域的内容互相渗透，从不同的角度促进幼儿情感、态度、能力、知识、技能等方面的发展。"

4）实行地方负责、分级管理和有关部门分工负责的学前教育管理体制

中华人民共和国成立以来，国家对学前教育事业坚持进行统一领导与分级管理相结合的原则。根据我国的具体条件，在1951年第一次全国初等教育及师范教育会议中提出幼托机构发展方针："根据各地不同情况、城乡差异，有计划、有步骤地在整顿中提高，在巩固的基础上适当地发展。发展的重点，首先放在工业地区和企业部门，其次是机关、学校及郊区农村，主要是解决劳动妇女对孩子的教育问题。鼓励私人办幼儿园，并加强领导。另外必须依靠群众团体，如妇联、工会、青年团、救济会等来推动和发展学前教育。"1956年由内务部、教育部、卫生部联合发出通知，提出关于托儿所、幼儿园的发展方针及领导等问题的意见，明确规定了教育部负责幼儿园业务领导，卫生部负责托儿所业务领导及幼儿园卫生保健业务指导。

1987年由国务院办公厅转发国家教育委员会等部门的《关于明确幼儿教育事业领导管理职责分工的请示的通知》，确定了我国学前教育的管理体制是实行地方负责、分级管理和有关部门分工合作，强调要动员全社会和各有关部门相互配合、密切合作，共同发展学前教育。1988年国务院办公厅又转发了国家教育委员会等部门《关于加强幼儿教育工作的通知》，进一步确定了教育部门作为主管部门的具体职责。

至2003年，我国学前教育事业取得了长足进步，大中城市已基本满足了适龄儿童的入园需求；农村和老少边穷地区通过灵活多样的形式，为越来越多的学龄前儿童提供了受教育机会，学前教育质量得到提高。但是，我国学前教育总体水平还不高，地区之间、城乡之间发展不平衡，与经济、社会、教育的发展和人民群众日益增长的需求还不相适应，学前教育事业投入不足，一些地方对学前教育的重要性认识尚不到位，简单套用企业改制的做法，将幼儿园推向市场，减少或停止投入，甚至出售，

有的地方学前教育管理力量薄弱。为进一步推动学前教育的改革与发展，根据《中共中央国务院关于深化教育改革，全面推进素质教育的决定》（中发〔1999〕9号）和《国务院关于基础教育改革与发展的决定》（国发〔2001〕21号）的精神，在《关于幼儿教育改革与发展的指导意见》中指出："今后5年幼儿教育改革的总目标是：形成以公办幼儿园为骨干和示范，以社会力量兴办幼儿园为主体，公办与民办、正规与非正规教育相结合的发展格局。根据城乡的不同特点，逐步建立以社区为基础，以示范性幼儿园为中心，灵活多样的幼儿教育形式相结合的幼儿教育服务网络，为0～6岁儿童和家长提供早期保育和教育服务。"

在学前教育机构发展方面，采取多渠道，在各级政府统一领导下，动员和依靠社会各方面力量办托儿所、幼儿园。在此总目标下，提出新世纪最初阶段要坚持实行地方负责，分级管理和有关部门分工负责的学前教育管理体制。国家制定有关学前教育的法规、方针、政策及发展规划；省级和地（市）级人民政府负责本行政区域学前教育工作统筹制定学前教育的发展规划，因地制宜地制定相关政策并组织实施，积极扶持农村及老少边穷地区的学前教育工作，促进学前教育事业均衡发展；县级人民政府负责本行政区域学前教育的规划、布局调整、公办幼儿园的建设和各类幼儿园的管理，负责管理幼儿园园长、教师，指导教育教学工作；城市街道办事处配合有关部门制定本辖区学前教育的发展计划，负责宣传科学育儿知识，指导家庭学前教育，提供活动场所和设备、设施，筹措经费，组织志愿者开展义务服务；乡（镇）人民政府承担发展农村学前教育的责任，负责举办乡（镇）中心幼儿园，筹措经费，改善办园条件；要发挥村民自治组织在发展学前教育中的作用，开展多种形式的早期教育和对家庭学前教育的指导。各级人民政府都有维护幼儿园的治安、安全和合法权益，动员和组织家长参与早期教育活动，指导家庭学前教育的责任。

5）学前教育机构类型的多样化

学前教育机构类型有托儿所、幼儿园、托幼园所一体化机构、幼儿班、儿童福利院（也称"儿童教养院"）。

我国对3岁以下儿童实施保育的机构主要是托儿所，用于专门照顾和培养婴幼儿生活能力。大约分为以下几种：开办托班的公办、民办幼儿园；公办、集体办托儿所；有托育资质的托育机构；开在商场、小区内的无资质的托育机构。

我国对3～6岁儿童实施教育的机构主要是独立设置的幼儿园，对5～6岁儿童实施一年入学前准备教育的是独立设置或附属于基础学校的学前班。由于我国的幼儿教育（学龄前儿童的教育）不属于义务教育范畴，各地的幼儿园在管理体制及办园形式上存在着很大差异。从管理体制上看，我国目前的幼儿教育机构主要有公办和民办两大类，而公办又包括了政府教育部门和其他部门（如机关、厂矿、学校、部队、社会团体）举办的各类幼儿园、学前班；民办则分为群众集体和公民个人办的幼儿园、儿童中心等。

课题三　**学前教育与社会发展的关系**

1 社会经济与学前教育

经济与教育的关系是社会诸因素中尤为重要的因素，经济决定教育，教育反作用于经济。随着社会的进步发展，教育的发展愈加离不开经济的发展，而经济的发展亦离不开教育的发展和进步。

学前教育是家庭与社会机构向入学前这一阶段儿童实施的教育，学前教育实施又为经济发展提供便利条件和促进作用。

1）社会经济发展促进学前教育机构的产生

学前教育机构的出现是机器化大生产、工业革命和城市化的产物。工业革命之前，由于社会生产力水平低下，学前儿童主要在家庭中接受教育。在18世纪末及19世纪初，由于蒸汽机及其他机器的广泛应用，西方工业革命兴起，极大地促进了社会生产力的发展，大大增加了社会物质财富。社会经济的发展，为学前机构教育的产生提供了坚实的物质基础。

1816年，欧文在英国新拉纳克创办了英国第一所幼儿学校。当时的英国开始了以蒸汽机为标志的第一次工业革命。工业革命不仅极大地解放了英国的生产力，同时还引起了生产关系和社会阶级结构的大变动。

生产关系是生产过程中人与人的关系，即在占有生产资料、生产参与、分配、交换、消费等活动中人与人的关系。私有制的生产关系下分配不均，交换不等价，消费差别很大。生产关系决定教育的性质与发展，教育也就具有了社会关系的属性。人类社会经历了不同生产关系的发展阶段，也构成不同的社会形态及与社会形态相对应的教育。例如，奴隶社会的教育、封建社会的教育、资本主义社会的教育和社会主义社会的教育等，它们都有着本质的不同。生产方式的变革导致学前教育目标、内容、形式和手段的变革。

2）社会经济发展水平决定着学前教育发展的规模和速度

生产力水平决定学前教育的形态。生产力水平决定学前教育的发展在于，生产力决定了社会对学前教育的重视程度；生产力水平决定了社会对学前教育的经费投入；生产力水平还决定学前教育内容与手段的变革，并决定学前教育的目标变迁。

以电子信息工程、生物工程、核动力工程、化学工程为标志的现代科学技术的发展，推动了现代生产力的高度发展，生产力的发展对人的素质要求日趋全面。而这在教育上的直接反映就是教育的起点相应提前，社会受教育的程度相应提高，教育趋于终身化。而进入20世纪80年代以来，各国学前教育普遍受到社会的重视，许多国家的正式学前教育机构和非正式儿童活动场所都呈现着广泛、多种形式的发展。

3）社会经济发展水平制约着学前教育发展的结构与布局

在社会主义社会中学前教育首先向广大工农劳动者开展，并向着大众化、平衡化、非特殊化方向发展，学前教育机构内部人际关系是民主、平等的。

学前教育发展的结构是指学前教育内部各要素之间的比例。由于历史以及现实原因，我国学前教育的结构和布局主要体现在城乡、学前教育普及年限和东西部的差异上。

从学前教育的城乡差距来看，城乡幼儿园师幼比形成鲜明对比。整体上我国幼儿园的师幼比基本在1∶24～1∶26，其中城市幼儿园稳定在1∶15～1∶17，而农村幼儿园的师幼比在1∶31～1∶71。

我国学前教育质量与水平东西部差异明显，极不平衡。如部分东部城市3～6岁的适龄儿童入园率接近100%，而部分西部城市的这一数据还不到10%，同时，东部学前教育机构的师幼比在1∶20以上，西部则是在1∶40左右。

4）社会经济发展水平制约着学前教育的任务、内容、手段和教学组织形式

由于科技革命所引起的生产力的巨大发展改变了陈旧的观念，人们开始重视生产力发展对教育所产生的直接影响。因为在手工工具时代，生产技能简单，人们以人力、畜力、风力、水力为动力，

劳动经验的信息也十分简单，因而传授劳动经验可随劳动过程进行，不需要专门的培养，只有对少数人需要进行专门地培养以获得某些统治技能；进入大机器时代以后，人类经历了从蒸汽机到电气化的科技飞跃，劳动技能需经专门的培训，劳动本身开始大规模社会化，并分出管理人员、技术人员和熟练工人等不同的劳动角色。这就需要教育一面培养脑力劳动者，一面培养操作工人。因而大规模的各级各类培训学校随着需要而产生。而自从人类进入自动化时代以来，自动化机器的操作使体脑分离缩小，劳动过程中脑力劳动的复杂程度增大，向教育提出了培养高级技术人才以及以知识和智力为基础的掌握劳动技能的生产工人这一更高质的要求。同时还要求教育依据生产结构的变化在专业设置、人才层次、劳动力结构上保持量的适应性，如工农业劳动者的比例、生产性劳动与非生产性劳动人员的比例、劳动者技术水平的层次结构等都应不断调整以适应生产力的量的变化，也就是按生产力量的变化来调整教育发展的规模。这种调整适应性是通过人才预测的方法（运用科学的调整统计）而进行的。

5）学前教育为社会经济服务

首先，学前教育为再生产劳动力打下基础。

学前教育为再生产劳动力打下基础，主要体现在学前教育为劳动者的全面发展打下基础，使未来的劳动者能够更好、更熟练地掌握整个生产系统，他们根据社会的需要或者自己的爱好从事不同的工作，能够最大程度地释放个人潜能，为社会发展创造出最大价值。

再次，学前教育为再生产科学文化知识奠定基础。

文化也是生产力。科学技术用于未来生产之前，只是一种潜在的生产力，把这种潜在的生产力转变为能够掌握并运用于生产的直接生产力，必须依靠教育。由于学前教育在教育系统中的奠基作用，可以说学前教育是把潜在生产力转变为直接生产力的重要基础手段。

最后，学前教育具有重要的社会效益。

近年来，西方的教育研究追踪表明：补偿性的学前教育在消除社会贫困、拥有高质量的家庭生活和生产社会经济效益方面的作用十分突出。从长远来看，学前教育能够产生巨大的社会经济效益。

2 政治与学前教育

马克思主义认为政治是经济的集中表现，是以一定的经济为基础的，又极大地影响经济的发展。政治体系由两部分构成：一部分是理念、意识。这包括政治观念、政治态度、政治信念、政治标准，如对待四项基本原则的态度等。另一部分是权力机构。这里包括政治权力、政治制度、政权机关、政党等。

教育目的决定着教育的很多方向（如为哪个阶级服务等），表现着教育的性质。统治阶级代表本阶级的经济利益与政治利益，制定本社会的教育目的或干预教育目的的制定。其具体表现为以下几点：①统治阶级利用其拥有的立法权，颁布一系列教育法律、政策和规章以保证合法地实现教育目的。②统治阶级利用其拥有的组织、人事权力控制教育者的行为导向，使之符合教育目的。③统治阶级通过行政部门控制公职人员的选拔与录用方式。④统治阶级还通过经济杠杆控制教育方向，并对办学权力进行严格控制（民间办学均要申请审批）。例如，美国政府就是通过资助各个学校以便对私立教育进行干预或控制。

1）学前教育为政治服务

①教育制度必须保持与政治制度的一致与相适应，教育制度往往都随政治发展而变革。

②政治对教育制度的改革起定向和支持作用。例如，当前我国社会主义市场经济体制的建立，就为整个教育领域里的改革规定了大致发展方向，即如何迅速建立起与市场经济体制相适应的一套教育

体制。而与此同时，社会主义市场经济体制的建立，又为民办、私立教育的发展给予大力支持。

2）政治制度决定着部分学前教育的内容

①政治决定教育经费份额的多少。统治阶级根据其政治发展及统治利益的需要，会随着社会发展而不断调整教育经费在整个社会总投入中的份额。

②政治决定教育经费的筹措。政府会根据其财政收支情况及政治需要而决定教育经费的筹措办法，或者是完全由政府财政支出，或者由民间集资、私人出资，或者三者兼而有之。

3）政治制度决定着教育的领导权

任何一个社会的受教育机会都是由统治阶级来分配的，如阶级社会里的等级制，贫富差距悬殊，贫民阶层就不可能也没有条件接受教育。

政府权力机关及职能部门对学前教育的重视与领导，是发展学前教育的决定条件。一个地区或部门的权力机构和领导人对该地区学前教育发展与改进起着决定性作用。如果认识到学前教育的重要性并大力支持发展学前教育，则该地区的学前教育将会有与众不同的发展。

①不同社会制度下接受学前教育的程度不同。

我国1992年统计3～6岁幼儿入园率约为31%，加上入一年学前班的幼儿，入园率可达60%。印度八亿六千万多人口，而入园率却不足1%，农村几乎为零。

②政治决定学前教育的目标。

我国学前教育要为社会主义政治服务。而我们社会主义社会下幼儿园保育和教育的目标是：促进幼儿身体正常发育和机能的协调发展，增强体质，培养良好的生活习惯、卫生习惯和参加体育活动的兴趣。发展幼儿正确运用感官和运用语言交往的基本能力，增进其对环境的认识，培养有益的兴趣和动手的能力，发展智力。萌发幼儿爱家乡、爱祖国、爱集体、爱劳动的情感，培养诚实、勇敢、好问、友爱、爱惜公物、不怕困难、讲礼貌、守纪律等良好的品德、行为、习惯，以及活泼、开朗的性格。萌发幼儿初步的感受美和表现美的情趣。教育目标是培养社会主义的一代新人。这一切均体现了教育的政治方向。

3　文化与学前教育

文化是社会的理想道德、科技、教育、艺术、文学、宗教、传统习俗等及其制度的一种复合体，在这里论述文化与教育的关系主要指一般定义的狭义文化。文化与社会共存，文化存在于社会中，没有人类社会也就自然没有人类文化，人与动物也就没有区别了。

教育是文化的一个组成部分，要考察教育的发展规律，必须考察文化。文化是非经济因素，如民族的文化传统、人的文化及素质、文化结构要素以及人们的文化心理状态都是构成社会人的行为模式的基因。不了解这些，就无法认识它们对教育和经济发展的影响。例如，某个地区经济发展了，但对教育却产生了负效应，即导致了一批学龄儿童弃学经商，其中文化就起了约束和妨碍教育发展的作用。人们认识的短浅与知识的浅薄导致教育发展的受挫。

文化对教育的影响一般表现为以下两个方面：一方面，文化是经济政治作用于教育的中介，即传导一定的经济政治的要求，反映一定的政治经济的性质与水平。另一方面，文化还可主动地、相对独立地影响教育。例如，传统文化观念、外国文化等都不是现实经济的反映，但却在影响着教育。

我国的文化把崇善作为教育目标，西方文化把爱智作为教育范畴。因为我国传统教育把道德教育居于首位，主要目的是促进人的道德完善，它培养的是贤者与君子，因此强调"修身、齐家、治国、平天下"，正是这种伦理型文化使我国具有重视教育的传统。而西方传统与我国相比，则更强调对自然现象方面各种事物知识的教育。因此我国在教育过程中，比较注重道德自觉和理想的人格培养，以

人际关系和谐作为追求的目标

1）文化影响着学前教育的内容选择

社会文化水平与教育水平具有极高的相关，一般社会都将其人口的受教育水平作为该社会文化水平的指标。但是，社会学衡量社会文化水平有多种指标：如从事体力与脑力劳动者的比例、文化需要的水平与结构（如订阅报刊、购买书籍、欣赏艺术，图书馆、博物馆、影院等文化设施的数量）、文化的空间和时间分配结构（如一天里文化活动时间分配）等。

文化水平对教育的间接影响表现为：文化发达（科技水平提高）→促进生产力发展→增加教育的物质来源→增进人口受教育水平；文化水平对教育的直接影响表现为：教师文化水平→教育水平→学生文化水平→受教育水平→家长文化水平→下一代。而社会与社区文化水平，以及周围的文化氛围、文化设施都直接影响着学生的受教育水平。

2）学前教育与文化传递

文化传递指文化在时间上的延续和空间上的流动，文化传递与传播过程补充、发展、丰富着文化，因为它注入了传播者的经验与创造。文化传递在整个社会中无时无刻不在进行着。例如，物质性的文化载体（如工具、建筑）、精神载体（如语言、文字、声光、意识形态等）、人的载体（如个人拥有的知识、道德等）要不断转化才能完成文化传播，正如图书馆、科学技术仪器要被人掌握运用并传播一样，失传的文化正是因为客体文化没有转化为主体文化，而主体文化又要客体文化传播，在传播过程中人是推动力。在这个不断转化传播的过程中，广义的教育起着十分重要的作用，是传播的前提、动力和重要途径。

3）文化变迁与教育

文化变迁的定义是文化内容的增量或减量所引起的结构性的变化。文化变迁来自文化内容的变化，并非所有的文化内容的变化都会引起文化变迁，只有当某种文化内容引起文化的结构性、全局性、整体性变化时，才形成文化变迁。文化变迁是永恒的，不以人的意志为转移的，变迁的动因在于社会经济的发展和自身的规律性（内在动因）。

学前教育和儿童身心发展

课题一 ▶ 儿童观的演变与构建

儿童的发展是指在儿童成长过程中生理和心理方面有规律地向更高水平量变和质变的过程。生理的发展指儿童机体或器官的正常生长（形态的增长和体质增强）、发育（功能的成熟）；心理的发展指儿童的认知、情感、意志和个性的发展。学前儿童生理发展和心理发展是密切联系的，儿童年龄越小，身体发展和心理发展的互相影响越大。在出生后的6年，儿童发展是十分迅速的，不仅是量的变化，质的变化也非常明显。例如：杨期正等人对儿童辨别物体大小能力进行的研究表明，18个月的儿童按语言指示选择大小物体的正确率为20％，36个月的儿童按语言指示选择大小物体的正确率达到100％。18个月的儿童用语言说明大小物体正确率为0，36个月儿童已完全能用语言说明物体的大小。同样，儿童的语言也是随着年龄的逐步增加而丰富。一般来说，学前初期的儿童语言带有很大的情景性，随着年龄增长，逐步发展到连贯性语言。在学前初期，儿童的语言主要是对话语言。到了学前后期，随着儿童独立性的发展，他们常常离开成人进行各种活动。

1 儿童是小大人

持有这种观点的人认为，儿童是"缩小"的大人，儿童和大人没有什么区别，即使有的话，那也只是身高和体重的不同而已。用成人的标准去要求儿童，儿童被期待像成人一样去行动，充当童工、童农、童商等，使之过快、过早地生长发育。儿童的特点、儿童期的意义则被完全忽视了。

2 儿童是"白板"

这种观点源自于"白板说"。持这种观点的人往往认为，儿童刚生下来的时候，其心灵就像块泥土，成人可以将其任意塑造成各种各样的东西；就像是一张白纸，洁白无瑕，成人可以在上面画最新最美的图画；就像是一个空容器，成人可以任意填塞，把各种知识经验灌输进去，而不考虑儿童的需要。儿童的发展仅仅是周围环境的产物，是消极被动地接受外界刺激的结果，完全忽视了儿童的主观能动性。

3 儿童是"有罪的"

这些人认为，儿童一生下来，就充满了罪恶，是有罪的"羔羊"，卑鄙无知，成人应该对他们严加管束、限制，使儿童能不断地进行赎罪。儿童体内的各种毒素，是儿童犯罪的根源，容易导致儿童的错误行为，而严酷的纪律则会减轻、消除儿童的这种行为，可以责骂、鞭打儿童，对儿童施行体罚是合法的。儿童承受了各种肉体的、精神的折磨，遭受到成人的轻视，任何带有创新乃至尝试意识的行为都会受到指责，人格被严重摧残。

4　儿童是"花草树木"

文艺复兴运动对人权的倡导，开启了人们从全新的角度来审视儿童，在儿童观上有了一个大的飞跃，开始把儿童看作是一个有独立存在价值的实体，有自己的权利、思想、情感、需要。提出不应用成人的标准去要求儿童，儿童应该像个"儿童"，要倍加珍惜童年的生活。尊重儿童具有的纯洁美好、独立平等的自然本性。儿童的生长发展是按自然法则运行的，教育者的作用就像是"园丁"，活动室就像是儿童逐步成熟的"花园"，每个儿童的成熟都有内部的时间表，在恰当的时间学习特别的任务，而不能强迫儿童去学习。儿童的成熟过程至少和儿童的经验一样重要。

5　儿童是"私有财产"

在这种观点看来，儿童是父母婚姻的结晶，产生于母体，归父母所有，是父母的附属品。父母可以左右儿童的命运，控制儿童的生活，决定儿童的一切事情，要求儿童学习许多并不感兴趣的课程，把儿童培养成为他们认为是最理想的人，压服儿童，让儿童唯命是从。儿童，特别是男童被认为是家庭的希望，传宗接代的工具。人们开始重视儿童、关心儿童，但儿童仍然被视为家庭和家族的附属品，父母的私有财产，没有独立自主的人格和地位，与其抚养人之间的关系只是一种依附关系。例如，"老子打儿子"被认为是天经地义的，是家庭的私事，别人无权干涉。

6　儿童是未来的资源

这种观点认为，儿童是国家最宝贵的财富，是国家最大的潜在资源、未来的兵源和劳动力。对儿童进行教育，就是对未来进行最有价值的投资，这种投资利国利民。

7　儿童是"有能力的主体"

人类的童年期长于动物的童年期，这为儿童以后的发展奠定了良好的基础。儿童在体力、智力、情感、社会性、道德等许多方面，都不同于成人，他们是正在发展中的人。不能因为儿童弱小需要保护，就轻视他们，使他们被动发展。儿童是有能力的、积极主动的权利主体，应有主动发展自己潜能的机会，在出生、发育、成长的过程中，成为自主的行动者，表达自己的主张和意见，充分行使自己的权利。

上述各种儿童观既有时代的烙印，有些又并存于同一个时代；既有非理性、不科学的一面，也有较为合理、科学的因素。对其实事求是地进行分析，批判性地加以继承与借鉴，将有利于正确地认识儿童。

课题二 ▶ 影响儿童身心发展的因素

同一年龄组中，各个儿童又以不同的个人特征表现着。儿童个体发展中，有些特征与普遍特征相一致，而有些特征则超前或滞后于普遍特征；此外，在生理与心理的某些方面还表现了明显不同的个人差异性，因此，在同一年龄组的儿童中，也绝无发展完全一样的儿童。这种差异性，既取决于先天的因素，更取决于后天的环境条件。掌握儿童个体的发展差异，有针对性地施教，才能收到较好的效果。

遗传、环境与教育在儿童发展中的作用及其相互之间的关系等问题，千百年来一直是心理、教育和哲学界共同关心的话题。由于不同哲学观和儿童发展观的根本差异，古往今来人们对此问题也是见仁见智、颇多争论，并由此形成了跨世纪、跨学科的大争论："天性—教养"之争和"诱导—促进"之争。目前这些争论仍在激烈而有所发展地进行着，并将持续。

1　"天性—教养"之争

"天性—教养"之争也即遗传和环境（此为广义，含教育等因素）与儿童发展关系的争论，是有其深远的哲学背景和历史渊源的。从我国春秋时期的孔子及古希腊的柏拉图开始，古今中外的哲学家、教育家都无一例外地要面对这一根本性问题并且提出自己的看法。他们或者认为人性主要是由先天决定的，如柏拉图、笛卡尔等；或者认为人的发展乃是由后天决定，如孔子、洛克等。由于时代的局限，他们虽然努力站在了其时代思想发展的最前沿，并为这一问题竭力寻求这样或那样的接近客观事实的答案，但还是未能在这场"非此即彼"的千年大战中摆脱那种"非此即彼"的观念的束缚。

2　天性难移

古希腊哲学家柏拉图认为，世界的本源并不是物质原子，而是一种叫作"理念"的精神性的东西。世上万物（当然包括人）都是由"理念"派生出来的，只有"理念"才是唯一真实可靠的东西。人的灵魂也来自理念世界，它支配人体的活动。他认为，一个人的认识不过是灵魂对理念世界的回忆而已，灵魂原来是寓居于理念世界中，具有理念世界一切真实的知识，它在投到人体后因受污浊而忘掉了，需要通过感觉经验提醒灵魂重新予以回忆。因此，柏拉图（以及后来的笛卡尔）认为，人生来就具有一种基本上在发展过程中展现并成为有意识的先天知识（理念），后天环境对人不具有影响，一切研究、一切学习都只不过是对先天理念的"回忆罢了"。显然，这是典型的唯心主义的儿童发展观。

美国心理学家格塞尔在经过近半个世纪的儿童发展的实验研究后，提出了成熟势力说。这一理论认为，儿童发展是一个有规律的顺序模式的过程，而这个顺序是由物种和生物进化的顺序决定的。所有儿童都按照这个顺序发展，但发展速度则由每个儿童的遗传类型而决定。环境和教育不是发展的主要原因，它虽然可能暂时影响儿童发展的速度，例如营养不良或教育剥夺就可能影响发展的速度，但后者最终还是由生物因素所控制。格塞尔试图通过一项庞大的儿童研究项目来证明后天教养经验并不影响儿童发展，并认为：从发展的整个过程来看，遗传因素具有统率性和决定性作用；从发展的最终结果来看，环境的影响也是极为有限的，环境只是给发展提供适当的时机而已。这一理论的主要事实根据来源于他著名的双生子实验。他把同卵双生子（具有相同的遗传基因）的一个放在自然条件下，而对另一个给予特殊的训练，最后发现二者能力没有差别。由此他断定，在儿童的生理成熟之前的早期训练对于最终结果没多大作用，成熟是发展中起主导作用的因素。

由于格塞尔这种成熟研究本身的深刻性以及他的无可辩驳的实验，人们普遍重视和欣赏他的理论。但它却存在一个根本性的缺陷，即过分夸大生理成熟的作用，而忽视儿童发展的其他条件。虽然格塞尔也偶尔提到环境和教育的作用，但却从未认真考虑过早期环境剥夺和教育剥夺的问题，只是把环境和教育的影响放到了一个极不重要的位置，以致不可避免地犯了以偏概全的错误，误入机械唯物主义的迷宫。

3　性相近，习相远

在对遗传和环境进行二分选择的过程中，还有相当多的心理、教育和哲学家们把砝码投向了天平的另一边——环境。在我国，最早提出并回答先天与后天关系问题的是孔子。他强调后天影响对心理发展的作用，并说性相近，习相远。就是说，人的先天禀赋是差不多的，人的成就和习性不同是后天学习的结果。这一朴素的唯物主义结论，在当时已是难能可贵的了。

洛克继承和发展了培根和霍布斯的唯物主义经验论，提出了著名的"白板说"。他认为，人脑开始"只是一张白纸，没有特性也没有观念"（1690）。人的一切观念都来自（后天）经验，根本就"没有什么天赋原则"。他认为，观念的来源有两个：一是感觉（外部经验），一是反省（内部经验），我们大部分经验是从感觉来。

洛克认为，儿童发展的原因在于后天，在于教育。在《人类理解论》（1690）书的开头，他就提出了"观念是与生俱来还是后天获得？"这样一个根本性问题。他用大量的篇幅系统地批判了"天赋观念说"。他说，儿童和白痴以及没受过教育的人，对数学公理、形式逻辑既不知道，也根本不会想到"我们日常生活所见的人中，他们之所以或好或坏，或有用或无用，十分之九都是由他们的教育所决定的。人类之所以千差万别，便是由于教育之故"。

华生从其行为主义心理学思想出发，最早提出了儿童发展的环境决定论。

他明确指出："在心理学中再不需要本能的概念了。"在他看来，行为发生的公式是刺激—反应。行为的反应是由刺激所引起的，刺激来自客观而不是遗传，因此行为也不可能取决于遗传。另外，他认为生理构造上的遗传作用并不导致机能上的遗传作用，由遗传而来的构造，其未来的形式如何，要取决于所得的环境。因此，他否认为了遗传的作用，片面夸大环境和教育的作用。华生从刺激—反应的公式出发，认为环境和教育是行为发展的唯一条件，并提出了他闻名于世的教育万能论。

他有一个著名的论断：如果给我一打健康而没有缺陷的儿童，让我把他们放在特殊的环境中教养，那么我可以保证，在这十几名婴儿中，随便拿出一个来，我都可以把他们训练为任何一方面的专家——无论其能力、爱好、兴趣、职业及种族如何，我都可以使他成为一名医生、一名律师、一名艺术家，或者是商界首领、乞丐或窃贼。

这是典型的教育万能论观点。它夸大了儿童发展过程中环境和教育的作用，忽视了遗传和生理因素对儿童发展的重要影响，从而在根本上否定了儿童自身的主动性、能动性和创造性，使儿童成为万能教育的被动接受者。我们认为，无论是柏拉图还是洛克，无论是格塞尔还是华生，其观点和理论都不无道理但又都失之偏颇。长期以来，对遗传和环境的关系争论不休，"剪不断，理还乱"；其根本原因就在于，把遗传和环境当作儿童发展中两个独立因素而进行非此即彼的二分选择的做法是错误的、毫无意义的。因为"遗传和环境哪一个是儿童发展的决定因素？"的问题是毫无意义的。事实上遗传和环境始终交织在一起，二者不可分离。儿童的任何发展都有二者的作用。离开环境，遗传不可能起作用；离开遗传，环境也不可能起作用。

4　遗传—环境交互作用论

美国心理学家安娜斯塔西提出了与众不同的遗传—环境相互作用理论。她认为，儿童的任何发展既有100%遗传的作用，又有100%环境的作用，只有二者的相互作用才能促进行为的发展。她认为，遗传和环境既不是彼此独立的，也不是简单相加的关系，而是相乘的关系，它们完全交织在一起，不可分离。至于遗传和环境如何交互作用才能促进行为的发展，安娜斯塔西认为这是一个非常复杂的过程，每个儿童的遗传和环境交互作用的方式和交互作用的时间不会完全一样。

我们认为，安娜斯塔西的这一理论确实把遗传（天性）和环境（教养）问题的理解向前推进了一步。当我们用这一理论单独讨论遗传或环境的影响时，其条理是清楚的，也是容易理解的。但是，当我们把遗传和环境的各种可能性综合加以考虑时，就很难说清楚二者是如何交互作用的了。事实上，目前我们仍然只能一般性地谈论遗传和环境的交互作用，而不能更具体地阐明二者的交互作用过程。这是安娜斯塔西遗传—环境交互作用理论的最大不足之处。总地来看，天性—教养或遗传—环境的争论作为心理学、教育学的根本性问题，虽然一再宣布为过时，但确实依然在不断地困扰着我们。目前，已很少有人主张遗传或环境之类的极端立场，但多数人仍然自觉或不自觉地偏重一方或另一方。实质上，传统的天性—教养之争目前已演化为关于遗传（生物）—环境（教育）因素在儿童发展不同阶段上对发展不同领域的相对影响的争论。限于目前的技术条件和研究水平，我们很难对遗传和环境因素在儿童发展中的相对贡献做出准确的描述。

5　诱导与促进的关系

遗传和环境（或天性—教养）因素在儿童发展过程中相对作用的争论还未了结，关于教育在儿童发展中作用的争论又激烈地展开了，这就是心理学和教育学界著名的"诱导—促进"之争。学前教育在儿童发展过程中究竟起什么样的作用？儿童发展是否一定需要学前教育呢？这是人们普遍关注也是学前教育理论工作者首先必须回答的根本性问题。为此，近一个多世纪以来不少教育学家、心理学家和哲学家在其各自不同的领域进行了不懈的努力和探索。

1）苏联教育学家的看法

维果茨基最早对教育与发展的关系进行了比较辩证的论述。他认为，儿童的发展是在社会环境和成人的教育影响下逐渐转化的过程。教育与发展是处于最复杂的动态的制约关系之中。他将教育的过程建立在尚未成熟的心理机能上，提出"教育教学应走在儿童发展之前"，教育的作用在于创造"最近发展区"，推动儿童内部的发展过程。另一方面，维果茨基还强调儿童的发展必须依赖后天的教育。他根据对儿童智力发展的实验研究，提出了儿童发展的两种水平：第一种是现有水平，即由已经完成的发展程序的结果而形成的，表现为儿童能够独立地完成某项任务。教育对此不具有影响。第二种水平则指尚处于形成的阶段，即最近发展区。维果茨基认为，教育就是变最近发展区为现有发展区，促进儿童的成熟和发展。赞可夫对教育教学与儿童发展的关系进行了长达20年的系统实验研究。他指出"承认教育在儿童发展中的主导作用，绝不意味着忽视发展的内在规律性"，并对教育教学与儿童发展的关系作了"外因通过内因而起作用"的辩证唯物主义的解释。他认为维果茨基正确地指出了教学对促进儿童尚未成熟的心理机能逐渐成熟的作用，但却忽略了一个问题，即儿童可能因教育教学过程的安排不同，而表现出不同的发展，于是他提出了"教学的结构决定儿童发展进程"的思想，并通过实验研究提示了两者之间的因果关系。艾利康宁和达维多夫后来的"教育与发展"实验研究也证实，教育与教学这种主导活动能决定儿童心理的发展过程。但是，苏联教育家查包洛塞茨认为教育不可"人为地加速儿童的发展"，教育可"加强和促进儿童的发展"，或自然地加速儿童的发展但却不可以更改甚至是超越儿童发展的自然进程。

上述苏联的学者试图采用辩证唯物主义的观点来解释教育教学与儿童发展的关系，改变了非此即彼的简单的直线式的思维逻辑，也不像行为主义学者那样认为教育机械地决定儿童发展。儿童如何发展，向何处发展，既不是由外因（教育教学）机械决定，也不是由内因（自然成熟）孤立决定的，而是由适合于内因的一定外因决定的。也即儿童发展主要是由适合其发展内因的那些教育条件所决定的。这就是典型的"外因通过内因而起作用"的学说。但是，对于学前教育这一外因是如何通过内因而起作用以及起什么样的作用等问题，苏联的学者们未能（也不可能）做出更详尽的回答。因为这需要科学的心理学实验研究来解决，理论思辨和经验总结对此已无能为力。

2）学前教育职能的两种界说

1976年，美国心理学家戈特利伯提出后天（教育）经验对儿童认知发展作用的三种模式，以描述教育在儿童发展过程中的具体作用及其作用机制。他认为，后天（教育）经验对儿童发展作用的第一种模式是"维持"即儿童某些认知能力能够自然地完全发展，（教育）经验的作用只是使儿推持现有能力水平。而如果没有这种后天经验，现有能力就会降低，就难以"维持"这种模式的特征是指个体在学前期，是否处于一定的教育环境，决定了其某些认知能力是否能得以维持。第二种模式是"促进"，即后天教育经验只影响儿童发展的速度而不影响发展方向和顺序。如果没有这种后天经验儿童照样可以向前发展。这种发展模式的特征是，个体在学前期，所需后天教育是否存在，决定了认知能力的发展速度。第三种模式是"诱导"，即后天教育经验的存在与否直接决定了儿童某种能力的发生和发展。反之这种能力就不能产生，更无从发展。这种发展模式的特点是，强调在儿童认知发展的关键时期中（主要是在学前期），所需后天教育经验存在与否，决定了认知能力能否产生和发展。

戈特利伯的理论从不同角度和层次上，强调了后天教育经验在儿童认知发展过程中的作用。阿斯林等人对这三种模式进行了补充和完善，更加突出了后天教育经验的作用。即便是这样，人们还是不禁要问："总地来看，学前教育对于儿童的发展究竟起什么样的作用？是诱导还是促进或者只是维持作用？"要准确回答这一问题，唯一的方法就是研究那些一生下来就被剥夺后天教育经验的婴儿，如"狼孩""野孩"等（因为我们不能人为地剥夺正常婴儿的教养经验）。如果这些"狼孩""野孩"在经过多年努力后能够最终达到正常儿童的水平，则可以认为教育对儿童发展的作用是促进性的或维持性的（而绝不是诱导性的）。

一般地，现代可供研究的"狼孩""野孩"是很少见而且也很难发现的。即便偶尔发现一两个，也会由于种种原因而未能对其进行上述研究。因而，上述关于学前教育功能的两种界说，即"促进说"和"诱导说"，因为缺乏有力的实验证据而一直处于激烈的争论中。所幸的是，1970年在美国加利福尼亚州发现了一个现代"野孩"。这一珍贵的案例为彻底解决"诱导—促进"之争提供了极其有利的佐证。

| 课题三 | 儿童身心发展的基本特征 |

总体上看，儿童的发展变化从开始到成熟大致体现为：一是反应活动从混沌未分化向分化、专门化演变；二是反应活动从不随意性、被动性向随意性、主动性演变；三是从认识客体的外部现象向认识事物的内部本质演变；四是对周围事物的态度从不稳定向稳定演变。

1 顺序性和阶段性

首先，儿童的身心发展具有一定的方向性和先后顺序，既不能逾越，也不会逆向发展。研究表明，儿童的发展遵循下列顺序：身体的发展，从头部向四肢、从中心部位向全身的边缘方向进行；人的思维，从形象思维发展到抽象思维；人的记忆，从机械记忆发展到意义记忆；人的情感，从喜怒哀乐等一般情感发展到理智感、道德感、美感等复杂情感；人的认知能力，按照感知运算水平、前运算水平、具体运算水平、形式运算水平的顺序发展。就儿童的认知能力发展而言，瑞士儿童心理学家皮亚杰的研究最具有代表性，他把儿童的认知发展分为四个阶段。不同的儿童可能达到某一发展阶段上的时间和年龄不同，但都会经历这四个阶段。由此，皮亚杰被称为发生认识论的创始人。

2 不平衡性

即个体从出生到成熟体现出多元化的模式。第一，同一方面的发展速度在不同的年龄段上不平衡，如身高在第一年和青春期发展速度最快。第二，不同方面的发展时间在迟早上不平衡，如感知成熟在先，思维成熟在后，情感成熟更后。从总体发展来看，幼儿期出现第一个加速发展期，然后是儿童期的平稳发展，到了青春发育期又出现第二个加速期，然后再是平稳地发展，到了老年期开始出现下降。

3 互补性

主要指儿童机体机能方面存在互补性，如盲人的听觉、触觉、嗅觉都非常敏感。如，"白痴"学者。"白痴"学者一般指中度智力发育不全（智商低于70），而同时在某（些）方面具有超群认知功能的人，如在日期推算、计算数字、音乐、绘画、背诵、下棋等方面远超过同龄人。神经电生理假说则提出，"白痴"学者可能是由大脑皮层各区发展不平衡所造成的，患者在总体上脑功能发育不全，但局部区域可能存在代偿性的超常发育。心理学假说认为，智力由一般智力和个别智力构成，前者代表智力的整体结构，后者代表智力的各个特殊方面，如计算能力、特殊记忆、音乐才能等。一般智力和个别智力之间，各种个别智力之间，其发展程度并不均衡协调，"白痴"学者就是这种不均衡性的一种突出表现。

4 整体性

一方面，儿童发展的各个方面互相牵连、互相制约。俗语讲"牵一发而动全身"，如人的精神力量、意志、情绪状态等对整个机体能起到调节作用，某方面发展的不足或超常通常会带动其他方面的发展。另一方面，不同发展阶段之间是相互关联的，上一阶段影响着下一阶段的发展方向的选择，所以，人生的每一阶段对于人的发展来说，不仅具有本阶段的意义，而且具有人生的全过程的意义。

5 个别差异性

尽管儿童的发展具有一定的共性，总是要经历一些共同的基本阶段，但发展的个体差异仍然非常明显。第一，不同个体同一方面发展的速度和水平不同，每个人的发展优势（方向）、发展的速度、高度（达到的水平）往往是千差万别的。例如，有的人观察能力强，有的人记性好；有的人善于理性思维，有的人长于形象思维；有的人早慧，有的人则开窍较晚。第二，不同的个体，性格倾向不同，如有的幼儿好动、有的喜静。

6 儿童具有巨大的发展潜能及关键期

儿童有发展的巨大潜能，他们可以在艺术、自然科学、体育运动等各方面都获得充分的发展。

但婴幼儿的潜能存在着递减法则，即婴幼儿的潜能不是某种储备物，不是某种不利用就没有消耗、今后还能再加以利用的物质，而是在不断地损耗着；人类潜能发展的递减性证明了"最佳期""关键期"或者说"敏感期"的存在及重要性。

1）关键期的定义

目前，对"关键期"主要有以下几种不同的观点：

第一，"关键期"即是个体对某种环境特别敏感、并容易获得某种行为或能力发展的时期，又称为"敏感期""临界期"等。在关键期里，给动物或人施加某种环境影响最为有效，在这一时期结束后或者尚未到来之前，该种类型的影响可能不起作用，甚至起相反的作用；若个体处在发展的关键期里，却缺乏适当的环境影响或学习机会，那么个体某方面的发展就会出现缺陷，以后的补救就事倍功半甚至无效。

第二，在关键期里所获得的影响最为持久，不易遗忘和改变。

第三，个体在关键里的学习不需要外界的特殊强化。

第四，无论是动物、植物还是人都具有发展的关键期；不同物种关键期的时段各不相同，如小鸡认母期是5天，小狗的印刻期是出生后3～7周等；婴儿语言发展的关键是2个月~8岁。

第五，不仅不同物种的关键期不同，即使是同一物种，其个体能力发展的关键期也不相同。目前人们一般认为幼儿的秩序敏感期是2～4岁、阅读敏感期是4.5～5.5岁。

第六，对人而言，其发展的关键期主要集中在儿童时期，即儿童期是我们学习最多的时期，早期经验有着深刻的长期影响。

2）"关键期"学说的来源：对动物"印刻"现象的研究

动物习性学家劳伦茨的"印刻"研究、心理学家格塞尔等人关于儿童发展与教育关系的研究，以及教育家蒙台梭利的"关键期"理论等，都奠定了"关键期"假设在学前教育理论和实践中的重要位置。

"关键期"这一概念来源于人类对某些动物"母亲印刻"习性的研究。后来，心理学家、教育家将其应用到早期教育中，提出了儿童心理发展的关键期问题。

1873年，动物学家斯皮尔顿发现早熟鸟类的雏鸟有一种接近和跟随运动物体的现象，即刚孵出来的小鸡、小鸭、天鹅等会跟随第一眼看到的运动着的物体，而且这种现象屡试不爽。1937年，奥地利动物学家劳伦茨（1903—1989）再次注意到小灰天鹅出生时会把第一眼看见的动物当作妈妈，如果小灰天鹅第一眼看到的是母鸡，它会认母鸡做妈妈；若第一眼看见的是劳伦茨本人，就把他作为妈妈而跟随，而不跟着自己的妈妈。甚至活动着的鸡鸭玩具、风筝、小船以及人的声音也同样会引起小天鹅的这种"认母现象"。但是，假如小天鹅孵出来一天后，没有见到任何一个活动着的物体，那么它们就不会有"认母"的行为了，而且以后永远也不会有这种行为。

劳伦茨发现，在其他许多小动物身上也存在这种现象，于是他把这种奇妙的认母现象称为"印刻"。而且他发现这种印刻现象与普通的学习有很大的不同：

①印刻只限于在动物出生后一个短暂的、特定的时间才能形成，超过了这一特定期限就不能形成。也就是说，动物有一个学习的关键期。

②印刻的效果是持久的，印刻现象一经形成就不能再改变，而具有一种不可逆性，而不像学习那样常会遗忘。

③印刻现象不需要强化，一次就可以形成。

④各种动物的印刻有不同的敏感期，如小鸡认母期是5天，小鸟的印刻期是破壳后的10～16小时，小狗的印刻期是出生后3～7周，等等。

这种印刻形成的时期被称为"关键期"，后来一些学者认为，将其称作"敏感期"更为恰当。

3）"关键期"学说的发展：人类能力发展的关键期多集中在婴幼儿阶段

动物的印刻现象提出后，研究者进一步注意到植物和人类学习也都存在着重要的关键期问题，而且人类能力发展的关键期主要集中在婴幼儿时期。

（1）对"兽孩"与暂时性"兽人"的研究

在众多的"兽孩"中，狼孩阿玛拉和卡玛拉的事实几乎是众所周知的。这两个孩子在出生后不久就被失去幼崽的母狼叼走，在大狼孩8岁左右、小狼孩3岁左右才被人类救回（后者不到一年就死去了），虽然大狼孩被人类进行了精心的教育训练，但既不会直立行走，也学不会人类的语言，而且始终保持着狼的习性。与之相反，第二次世界大战期间，一位日本士兵横井庄一逃进了菲律宾的深山老林，直到28年后即1972年才被救回。惊人的是，经过短短的81天，其语言能力就恢复正常，而且还于当年结婚，并著书立说、到处演讲。由此，学者得出结论：人类能力发展的关键期，主要是人生的婴幼儿时期；两个案例发展结果的"天壤之别"在于横井庄一并没有错过早期生理和心理发展的关键期。

（2）蒙台梭利的敏感期理论

玛丽亚·蒙台梭利是20世纪享誉全球的教育家，她吸取了当时世界上先进的生物学及心理学等学科的研究成果，并结合自己对"儿童之家"中儿童的观察和研究，认为儿童发展过程中也存在着与动物相同的对于特殊环境的刺激有一定的敏感期，从而将敏感期概念引入儿童的发展与教育之中，创立了独特的幼儿教育法，风靡了整个西方世界。蒙台梭利既论述了敏感期的存在，也论述了敏感期的暂时性。她接受了前人的观念，认为敏感期是一种与成长密切相关的现象并和一定的年龄相适应。而且敏感期只持续一段短暂的时期，一旦消失就永远不可能重新出现。

蒙台梭利对敏感期的教育价值给予了极大重视："正是这种敏感性，使儿童以一种特有的强烈程度接触外部世界。在这时期，他们容易学会每样事情，对一切都充满了活力和激情，同时，儿童不同的内在敏感性使他能从复杂的环境中选择对自己生长适宜和必不可少的东西……使自己对某些东西敏感，而对其他东西无动于衷。"在儿童心理发展的敏感时期对幼儿进行教育、引导和帮助，最能促进幼儿心理的正常发展；而耽误时机则导致儿童心理发展障碍。其中，她尤其对儿童3岁之前的吸收能力及教育给予高度关注，她认为3岁之前是孩子头脑吸收能力最为活跃的时期，虽然成人已经失去了这种能力，但这是一种能与神的创造力相媲美的不可思议的力量。它从婴儿所出生的环境中受到刺激，变成适合该环境的资质，而在其无使用价值时便迅速消失。

根据长期的观察和研究，蒙台梭利指出了一些心理现象的敏感时期：

①感觉敏感期：0~5岁，儿童不仅能有选择地注意周围的环境，而且开始建立并完善各种感觉功能。

②秩序敏感期：1~4岁，儿童理解事物的时间和空间关系并对物体进行分类。

③细节敏感期：1~2岁，儿童的注意力往往集中在事物的细枝末节上。

④运动敏感期：0~4岁，儿童喜欢活动并且其动作逐渐完美。

⑤语言敏感期：8周~8岁，儿童对人的声音产生兴趣，然后对词、对整个句子产生兴趣，并逐渐掌握复杂的人类语言。

目前，心理学家指出的其他一些心理发展关键期包括：

①0~2岁：亲子依恋关键期。

②1~3岁：口语学习关键期。

③4~5岁：书面语学习关键期。

④0~4岁：形象视觉发展的关键期。

⑤5岁左右：掌握数概念的关键期。

⑥10岁以前：外语学习的关键年龄。

⑦5岁以前：音乐学习的关键年龄。

⑧10岁以前：动作机能掌握的关键年龄。

（3）早期智力优势说的提出

早期智力优势说的提出更加强化了人们已有的认识，即婴幼儿时期为人类能力发展的"关键期"。这个观点的提出者之一、美国心理学家布鲁姆认为：个人的智力成熟从出生到4岁发展到40%，

4岁到8岁再发展30%，8岁以后发展剩下的30%。如果儿童在这非常重要的早期岁月里得不到理智刺激，他们的学习能量就受到严重的妨碍。而日本右脑开发专家的七田真基于左右脑不同功能的研究，更是把这种学说推前了一步，他认为：人的智力犹如一个等腰三角形，从0岁时（就是三角形的底）发展最快，8岁时就到了三角形的顶端，智力再也不会得到明显的提高，那以后，人们只会增长知识和技能了。而在这至关重要的8年里，3岁之前的智力要发展到近65%，至6岁发展到80%，至8岁发展到95%。由此，他认为0～3岁是人生的天才期，这一时期的婴幼儿吸收力最为活跃，而且不管难易；3～6岁是以少许的学习游戏即可养成优秀资质的时期；6～8岁需特别的努力才能培育出优秀的资质。

（4）格塞尔的成熟势力说

格塞尔经过近半个世纪的儿童发展的实验研究，提出成熟势力说。他认为，从发展的整个过程来看，遗传因素具有统率性和决定性的作用；在支配儿童心理发展的两大因素成熟与学习中，成熟（即不受任何外界刺激干扰而按次序出现的发展现象）尤为重要。他有个著名的双生子爬楼梯实验：让一对同卵双胞中的一个为实验对象，在他出生后的第46周开始、每天练习10分钟爬楼梯；另外一个在他出生后的第53周开始接受同样的训练。两个孩子都练习到他们满54周的时候，前者练了8周，后者只练了2周。结果只练了两周的孩子爬规定楼梯的时间与练了8周的孩子所用的时间一样。由此他得出结论，在儿童的生理成熟之前进行早期训练对最终结果没有多大作用。

（5）对儿童语言学习能力的研究

最能说明人类学习存在关键期的事实大概就是儿童与成人语言学习的难易差异了。在这方面，美国学者莱内伯格于1967年提出的关键期假设理论比较有代表性。这一理论认为，受生物性发展的影响，人类在自己人生的早期岁月里比其他任何时期都更容易习得语言，因为这一时期在生理上处于临界期前；语言的临界期可以持续到12～13岁，而此后再开始学语言会非常困难，因为到这个时期，人脑已缺乏语言适应能力。

这些研究有助于我们认识儿童的发展及教育在其中的作用。

学前教育理论流派

学前教育的发展，自1837年福禄贝尔在法国勃兰根堡创办世界上第一所幼儿园开始，迄今已有100多年的历史。在这期间，学前教育的理论和实践已有了很大进展。19世纪欧美各国的学前教育主要接受福禄贝尔的思想理论。进入20世纪后，学前教育理论呈现风起云涌之势，形成了相互吸收又各具特色的理论流派，在各国流传与采用，形成了学前教育理论的百花园。现将对现代学前教育影响较大的理论流派逐一介绍。

课题一 ▶ 杜威的儿童观及其学前教育理论

杜威于1859年生于美国的柏林顿，自幼受到良好的教育，1884年在霍布金斯大学获得博士学位，之后在明尼苏达大学、密西根大学任教。1894年到芝加哥大学任哲学科和教育科主任，并于1896年创立了第一所实验学校，开始在学校中实施其教育思想。1902年任芝加哥教育学院首任院长。他是20世纪最伟大的教育思想家之一。杜威儿童教育观及其理论是建立在其儿童观基础之上的，杜威认为儿童的本性在于他具有与生俱来的本能、冲动和需要，儿童具有自我生长的能力，而儿童是在活动中，通过与环境相互作用而获得发展的，儿童的发展存在着个别差异。由此他论述了儿童的发展与教育的关系，提出了他对教育的本质的看法。

1 教育即生长

他把教育看作人的整个发展的同义语，认为儿童心理活动的内容就是以本能活动为核心的心理机能的不断展开即生长的过程，而教育的本质是儿童生物性本能和心理机能的不断生长，"教育即生长，除它自身外，并没有别的目的"。

2 教育即生活

他认为人的发展是人与环境相互作用而产生的，人不能脱离环境，学校不能脱离生活，教育应该使儿童在学校中能完全自由地运用他在校外所得的经验，同时应使他把在学校里学到的知识运用于日常生活之中，学校不能与生活隔离开来。

3 教育即经验的不断改造

他认为教育是一个过程，即通过儿童活动去体验一切和获得各种直接经验的过程，儿童学习知识、认识外部世界的本质在于儿童通过活动不断去增加、改造自己的亲身经验。这个过程是永无止境的。另外，杜威在论述他的儿童观及发展和教育的关系的同时，对传统教育的弊病进行了批评，提出"儿童中心论"，认为教育应把重点放在儿童身上，以儿童为中心，即尊重儿童真正的面貌，尊重自我指导学习，尊重作为学习的刺激和中心活动。杜威的教育思想为现代教育理论奠定了基础，同时也对学前教育实践产生了巨大的影响，推动了进步主义教育运动的发展。例如，当前美国开放式的教学方式就是杜威教育理论的产物。这种方式的特点是：儿童在托幼机构所从事的一切活动均根据儿童的兴趣来进行，活动方式灵活多样，不受任何约束。教师只是儿童的助手，对儿童的活动事先不做任何设计和安排，教师的任务在于为儿童的活动创造条件，提供各种教具、玩具等，儿童的活动、自由游戏占重要的地位。

> **课题二**　　蒙台梭利的学前教育理论

蒙台梭利是著名的幼儿教育家。1870年出生于意大利的基亚瓦莱，自幼天资聪颖，又是独生女，深受父母宠爱。1895年，她在罗马大学获得医学博士，是意大利历史上第一位获得博士学位的女性。毕业后她在精神治疗部做医生，由于工作关系，经常接触有身心缺陷的儿童，于是开始注重对智能低下儿童的教育问题，之后转向对正常儿童的教育工作。1907年，在罗马贫民区创设"儿童之家"，招收3~6岁的幼儿，在这里她进行教育实验，逐步制定了整套的教材、教具和方法，创立了蒙台梭利教育体制，受到全世界的瞩目。1911年，蒙台梭利离开"儿童之家"去欧洲和美国、澳大利亚等多处讲学并举办师资训练班，积极宣传和实践自己的教育主张。第二次世界大战前夕，避居印度，在那里悉心研究著书，1944年返回欧洲，居于蒙台梭利教育运动中心——荷兰的阿姆斯特丹，直到逝世。

1 基本教育思想

蒙台梭利以她广博的医学、生物学、哲学、心理学、教育学、人类学和精神病理学等知识为基础，在教育实践中，形成了自己的教育理论，但"她未曾建立一个属于她的理论结构框架，以使后来的人容易遵循应用"。因此要想将蒙台梭利的教育原理仅归纳为几个原理是远远不够的。

1) 发现儿童

她认为教育的目的在于发现儿童的"生命的法则"，帮助儿童发展生命，她对于儿童有新的认识，并不把儿童看作未成年的"小大人"，而是看成与成人互为相反的两极。"儿童是成人之父，而且是现代人的教师。"而作为教育工作者所能做的，只是为儿童预备一个适当的工作环境、活动场所。蒙台梭利的学生史但丁在《蒙台梭利教育革命》中有一段论述，可以帮助我们更清楚地了解蒙台梭利教育原理的根基。他说："常有人问我何为蒙台梭利教育的主要原理？我最初归纳为一句话，即通过感官及感官训练的教育。过了一段时间后又想，也许是以自由为原则，在一个预备的环境中的教育能包括更广泛的内容。但到了蒙台梭利晚年之时，她又强调另外一个原理。而这个原理可能是最重要的，那就是儿童与成人的本性是不一样的。"

2）自由的原则

蒙台梭利认为，要建立一种合乎科学的教育，其基本原则是使儿童获得自由，使儿童从妨碍其身心发展的障碍中解放出来，使儿童的天性得以自然地表现。因此她非常重视儿童的权利和价值，反对传统的班级和统一教学。在"儿童之家"，不采用固定的班级制度，只采用大体的分组，让儿童自由选择教具，做自己愿意做的活动；教师一般对儿童的活动不加以干涉或帮助。这种自由不是盲目的、放纵的，而是积极的、负责的。儿童在活动过程中要严守秩序，让儿童感到自治与责任，从而培养其自律的人格。

2 教育方法

蒙台梭利为了实现她的教育思想，根据儿童生理和心理的发展，通过教育实践，形成了一套系统的教育方法。下面仅做简要介绍。

1）提供有准备的环境

根据幼儿身心发展的需要所创设的一个能够帮助儿童发展"生命的活动"的真实环境，这个环境是有规律、有秩序的生活环境，为儿童所提供的设备和用具都是适合儿童需要的；在这里儿童能够自由地活动，自然地表现、充分地意识到自由的力量；儿童在这个环境中能获得丰富的感觉刺激，得到自由而充分的发展。所以为幼儿创设一个适当的教育环境，是非常重要的。

在"有准备的环境"中，各式各样的活动材料可以让儿童自由地选择与运用，以训练他们的各种感官和筋肉活动。为达到教育目的，特设日常生活练习的课程，内容主要包括动作教育、感官教育和语言教育。动作教育活动的自由是动作教育之本，其主要目的是培养幼儿自我管理能力，培养其责任感及良好的生活习惯。她认为3～6岁是幼儿练习动作的最重要时期。动作教育内容主要有动作的控制、照顾自己、照料环境、待人接物等，所有的活动均以朝向建立自我规律及工作取向为原则。她之所以重视感官教育，为社会的实际生活做准备，是因为她认为幼儿的精神与环境的交流是通过感觉进行的，她非常重视3～6岁幼儿的感官教育，在她的教具中，以加强感觉训练为目的的教具占很大的比重。通过向儿童提供教具，让儿童进行练习，让儿童认识物体的相同属性，认识物体的相反属性，识别差距较小的物体的不同点。她认为应该从感官教育入手向幼儿进行智育教育，并以此为基础向更高级的认知活动——语言教育发展，通过感觉材料对幼儿进行听觉训练，训练幼儿听取和辨别声音的能力。语言教育中教师向幼儿做发音示范，结合教练，让幼儿进行反复练习，培养幼儿的语言能力。

2）教师

她虽然强调儿童的自由活动，如教师不能干涉或妨碍儿童的活动，但儿童的活动是以教师的指导为前提的。活动之前，教师要布置一个适当的活动场所，考虑为儿童提供教具的顺序和数量；活动时，教育者应具有敏锐的观察力，随时了解儿童，尊重儿童的各种活动而不加以干涉，培养儿童的自主精神，同时给儿童以适时适量的帮助。教师要发挥对儿童示范作用。要仪容整齐、清洁，仪态自然大方，态度要温和亲切同时教师必须时常与家庭、社区联络沟通，澄清父母的教育观念，使其与学校保持一致，这样才有益于儿童身心的成长。

3）教具——活动材料

儿童的活动主要通过教具来进行的。儿童要进行活动，首先要有活动材料及活动环境，这样才能激发儿童活动的兴趣和愿望，只有使用教具去活动，儿童才能专心致志去操作学习。

教具的设计应根据儿童身心特点及所提供环境的需要来设计。教具很多，可以分成日常生活训练的教具、感官教具、学术性教具（主要是读、写、算之类）、文化艺术性教具四类，这些教具具有孤立性（利用感官孤立法，使儿童专心注意教具本身）、从简单到复杂、从具体到抽象等特点，给儿童提供了在活动中进行自我教育的机会。

总的来讲，蒙台梭利的教育理论和方法，就是通过"教育"引起儿童的兴趣和自由活动，在活动中儿童成为一个生活集体，从这个集体中培养真正的自由的儿童，培养他们的责任感。

课题三　精神分析理论在学前教育中的应用

精神分析理论是由奥地利著名心理学家弗洛伊德在1939年提出的，其核心思想是主张存在于潜意识中的性本能是人的心理发展的基本动力。他认为，人格结构可分为本我、自我和超我三个要素。精神分析理论对现代学前教育的影响主要有以下几点。

1 强调早期经验和教育的重要性

弗洛伊德认为早期经验会影响、抑制或形成人的某种特殊性格，早期童年生活经验对儿童的一生有重大影响。对一个人的过去知道得越清楚，越能了解他的行为发生原因。所以要重视幼儿早期教育对其一生所产生的影响。

2 幼儿教育应以培养健全人格为目的

精神分析理论将人格分为本我、自我和超我三个层次，并且强调自我的重要性。如果自我的功能发展得不好，就无法认清事实的本身：一个性格偏离的人无法真正体验到人际关系的重要意义；一个自恋的人无法体会到爱的温暖。人格的不同对事物了解也不同，教育工作者应把重点放在人格的教育上，如果一味重视知识的传授而忽略人格健全发展，就会导致教育的偏差甚至失败。

3 道德教育应该顺应儿童的本性，避免教条灌输

精神分析理论在道德教育上提出了"人格化"的教学方法，认为只有在实际活动中获得体验，才能陶冶出好的品格。此外，"超我"是个人在社会化过程中将社会规范、道德标准等外在内容进行内化的结果，如果"超我"的权威过大，则容易造成焦虑不安，使一个人丧失活力，影响创造力的发展。因此应了解"自我"在人格发展中所扮演的角色。根据儿童认知发展的水平，实施道德教育，丰富儿童的情感，让其获得成功、安全、自尊等体验，使之达到自我实现的目标。

4 给儿童创设良好的教育环境，培养儿童的创造力

教育情境直接影响学生的学习态度和学习效果。良好的教育环境有助于学生的学习和发展。精神分析理论认为开放是学校最重要的气氛，开放不是漫无秩序，而是让学生获得充分参与的机会，使儿童的积极性、主动性得以充分发挥。此外，教师应允许儿童犯错，对其多鼓励、少责备，保护他们的好奇心、自尊心，培养其独立思考的能力和丰富的想象力，从而使其创造力得以发展。

课题四　成熟理论在学前教育中的应用

美国心理学家格塞尔提出了成熟理论，或成熟势力说。格塞尔1906年在克拉克大学获得（心理学）哲学博士学位。在克拉克大学就读期间，他因受心理学家霍尔的影响，致力于研究儿童的发展，他的早期思想还受达尔文进化论的影响。毕业后从事教育工作，并选择了一个当时几乎没有人接触的领域——婴儿期作为研究重点。1915年，他在耶鲁大学获得博士学位，在这里他创办了儿童发展诊所，即后来有名的"格塞尔儿童发展研究中心"，他在此工作近50年，直至退休。在此期间，他编制了一个测量婴儿和学前儿童行为发展的量表——耶鲁量表（格塞尔量表），他是第一个采用摄影技术及通过单向玻璃进行观察的研究者。后来他的研究工作扩展到10~16岁的少年。

1　成熟理论的基本思想

成熟理论认为，儿童的发展是一个顺序模式的展开的过程，这个模式是由机体成熟预先决定的。环境对儿童的发展仅仅起支持、影响作用，并不能决定和加速个体发展的顺序。也就是说，环境对于发展的最终结果，所起到的作用只是给发展提供适当的时机而已。他做的著名的"双生子爬阶梯"实验说明，成熟是发展中起主导作用的因素。格塞尔认为，发展是一个模式化的过程。每一种行为模式都标志着一定的成熟阶段，行为模式是表露于外的一些具有普遍性、规律性的活动方式，因而测量是有可能的，他和他的同事经过多年系统研究，制订了格塞尔发展量表。他将儿童的行为分成四个方面：运动行为、适应行为、语言行为、个人—社会行为。这个量表包括从出生至5岁的各种行为的发展常模，是当时规模最大、资料最丰富的婴儿智力量表。

2　成熟理论对现代学前教育的贡献

格塞尔对儿童的动作发展做了系统的观察并制成了年龄常模——儿童发展常模，由此可知在各个年龄阶段，一般婴幼儿的动作行为、适应行为、语言行为、心理—社会行为的发展情形。从观察研究中发现，没有任何两个同年龄幼儿的行为是相同的，儿童的发展存在着相当大的个体差异。教师可根据发展常模来判断儿童行为的发展较一般儿童是快还是慢，并可进一步对儿童作适当的预测，然后采取相应的教育措施，让幼儿做好心理上的准备，从而促进幼儿正常的发展。注意不要拿发展常模作为衡量儿童发展是否成熟的指标。

1）教育要循序渐进，同时要掌握"最佳时期"促进儿童的发展

儿童的发展是一个顺序模式的展开的过程，所以教育应循序渐进、结合儿童的需要给儿童提供适应的刺激；同时掌握儿童发展的"最佳时机"即"关键期"，即在其成熟程度最适合于学习某种行为的时期，给他提供最好的学习环境，使他的这种行为得到最好的发展。

2）教学应考虑儿童的个别差异

由于幼儿之间存在着很大的个别差异，教师不可期望幼儿在同一环境刺激下均做出相同的反应，应具体考虑到每个幼儿的特点，因材施教。例如在"阅读准备"问题上，格塞尔认为有些幼儿能在5岁或更早就开始阅读，有些则延至6岁或7岁开始阅读会表现更好。如果在幼儿尚未具有阅读能力之前就教其识字阅读，就很可能会产生不良后果。教育应该适应每个幼儿不同的成熟度——学习准备状态，使每个幼儿都得到更好的发展。

课题五   社会学习理论在学前教育中的应用

社会学习理论是由美国著名的心理学家班杜拉提出的，他认为儿童心理的发展既依赖于内部条件，也同强化、榜样学习所起的作用有关。

1 基本观点

他提出的观察学习理论认为：儿童主要是通过观察他人的行为及其结果来进行学习的，它不同于刺激反应学习。学习者通过观察他人在一定情境中的行为，并观察他人接受一定的强化就能完成学习。他设计了一项有名的"攻击性行为榜样的作用"的研究方案，让儿童观察示范者的攻击性行为，这些示范者的行为有的受奖励，有的受惩罚，有的无结果，既未得奖励，也未得惩罚。结果发现，那些观察示范者受到惩罚的儿童，要比其他两组儿童表现出更少的模仿的攻击性行为。所以他认为人的行为是通过观察形成的，人的个性也是在观察过程中及以后的模仿过程中完成的。

2 社会学习理论对学前教育的影响

1）重视个人和环境因素对儿童学习的影响

因为心理功能的作用乃是由个人、行为和环境三者交互作用所决定的。因此，在指导幼儿学习时，除了重视幼儿的认知、能力的发展及情绪反应外，给儿童创设一个良好的环境也非常重要，环境因素可以直接影响儿童行为的发展，而且可以通过个人在环境中的模仿学习而直接起作用。

2）给幼儿树立良好的榜样

观察学习理论认为：榜样的示范对幼儿学习起重要作用。所以应注意给幼儿选择正确的行为做榜样。教师是学生的榜样，教师要以身作则，言行一致，公平对待学生，与儿童建立良好的师生关系。

3）正常运用奖惩方式

在社会学习理论中，强化作用乃是影响儿童学习的重要因素。奖励可以使儿童的行为得到强化，而惩罚可以抑制儿童的行为。但体罚是非常不好的种方式。对于幼儿应多用鼓励、赞赏等积极的方式，少用斥责、惩罚等消极方式，尤其要避免体罚。

课题六   皮亚杰的认知发展理论与学前教育

1 基本思想

皮亚杰认为儿童心理的发展乃是先天因素和后天学习相互作用不断发展的过程。他认为主体通过动作对客体的适应乃是儿童心理发展的真正的原因。他把儿童认知（即智力或智慧）的发展分四个阶段，各阶段的出现是有一定次序性的，不能逾越也不能互换。前一阶段是构成后一阶段的结构的基础，后一阶段是前一阶段的发展，二者有一定的交叉，但有着质的区别。

皮亚杰不仅对儿童心理发展作了理论上的研究，而且对学前教育也进行研究，他在《教育科学和儿童心理学》及《理解即是发明——展望未来教育》两本著作中，阐述了他的学前教育观点和思想。

2 学前教育思想

1）强调活动的重要性

皮亚杰认为，动作是联结主客体的桥梁和中介且知识是主客体相互作用的产物，"知识来源于动作，而非源于物体"。从婴儿随着爬行寻找被藏的玩具，而建构起"客体永恒性"的概念开始，直到日后计数、顺序排列及测量物体，而建构起数目、序列与重量的概念，这一切都是由于儿童对物体做过动作，因而在头脑中组织与思考的产物。儿童学习绝非坐在椅子上被动地学习，正如他们学游泳，不只是坐在看台上观察水中的成人游泳，而必须跳入水中去游才可以。皮亚杰说："若智能训练目的是在于形成智力，而不在于记忆许多事实；在于培养明智的探索者，而不仅在于博学，那么传统教育显然具有严重缺陷。"

2）强调兴趣与需要的重要性

皮亚杰强调兴趣和需要在儿童心理发展中的动力作用，他说："我们必须承认有一个心理发展过程的存在；一切理智的原料并不是所有年龄阶段的儿童都能吸收的。我们应该考虑每个年龄阶段的特殊兴趣和需要。"基于这种思想，他提出了"发现式教学法"，即给儿童提供相应的材料和设备，激发儿童的兴趣，使儿童自由地去探索事物，发现问题。这个过程就是利用儿童的好奇心，使儿童发挥自己的能力，允许他们根据自己的方式来进行学习，从而满足他们发展需要的过程。

3）教育目的在于培养儿童的创造力

皮亚杰曾明确提出：教育的首要目标在于培养有能力创新的人，而不只是重复前人所做的事情。人是有创造性的，有发明才能的。教育的第二个目标，在于塑造有批判力的人，而不是接受一切的人。所以教育应该重视发挥儿童的主动性，鼓励他们学会自己去学习，培养他们的创造力。

幼儿园的教育活动

1 什么是学前教育活动

1）活动

活动由目的、动机和动作构成，具有完整的结构系统。哲学上讲的活动指主体与客体相互作用的过程。因为只有人才能成为主体，所以，尽管二者说法不同，但都是从主体的人的角度来界定"活动"的概念，都是指狭义的"活动"。人类的活动与动物的活动有着本质的不同。

2）学前教育活动

学前教育活动是在特定的环境条件下的人的活动。与人的其他活动相比，其特殊性在于，学前教育活动不是一个人的活动，而是由教育者和受教育者共同作用的。学前教育活动也有广义与狭义之分。广义的学前教育活动指对受教育者——学前儿童——施加教育影响的一切活动。狭义的学前教育活动专指在学前教育机构实施的活动，包括幼儿园教育活动和托儿所教育活动。随着我国托幼一体化教育进程的加快，独立的托儿所越来越少，幼儿园基本都开设了托儿班。鉴于这一事实，学前机构教育活动基本就是幼儿园教育活动。本章所涉及的学前教育活动，如无特别说明之处，都指狭义的学前教育活动。

2 学前教育活动的理论

1）行为主义学习理论

以华生、斯金纳为代表的行为主义者认为，当学习者对某种特殊的刺激做出了适应的反应就表明产生了"学习"，这种刺激与反应的联结正是行为主义学习理论的要点。在此意义上看，学前儿童的一切活动都可以说是一种学习活动。行为主义学习理论要求教育重视环境的作用，因此，学前教育活动要重视对学习环境的设计、对儿童学习任务的分析，把创设学习情境、促进儿童学习作为最重要目标之一。受行为主义"程序教学"思想方法以及"小步子、循序渐进、序列化、学习者参与、强化、自定步调"等教学原则的影响，学前教育活动注重对活动组织形式的思考，教师更关心的是如何发展儿童未来的能力和倾向，从把握和确认儿童原有的知识水平开始，以小步递进的方式实施教育活动和教学。受"强化"这一基本原理的影响，学前教育活动特别注重为达成活动的结果而进行适当强化。教师促进儿童获得信息和巩固信息的主要活动策略和手段是依靠练习、增加训练。

2）主动活动理论

主动活动理论来源于认知心理学派的学习理论，以皮亚杰为代表人物。

皮亚杰提出关于知识的建构理论以及认知发展的过程和阶段理论。他认为知识不是被动地从环境中吸收的，也不是预先在儿童头脑中形成，并随着儿童的成熟随时出现的，而是由儿童通过他的心理结构与他的环境之间的相互作用主动建构的。

儿童能在自己计划、进行和反应的活动中获得更好的学习。只有顺应和适合儿童，促进儿童自主建构、自我调节的活动才能真正促进他们的智慧发展。由此，在学前教育活动中，应视儿童为主动的学习者、建构者，在活动中重视为儿童提供和创设丰富的学习材料和环境，鼓励儿童自己动手操作，通过儿童自身的感知、操作等积累经验，在思考、推理和解决问题的过程中促进儿童在其原有认知结构和新学习知识间建立联系以获得粗浅的逻辑概念。

3）主导活动理论

苏联心理学家埃利科宁和达维多夫不仅提出了儿童主导活动发展的阶段理论，而且认为儿童活动的发展是一个渐进的、由量变到质变的过程。主导活动在儿童的一日活动中发生频率最高和占用时间最多，是儿童自发的并与一定年龄发展阶段相适应的，必然发生的，是适合并决定儿童身心发展状况的活动。儿童一出生，其主导活动是婴儿与成人的交往活动，这种活动能满足他们维持生命、安全和机体的生长发育的需要。

随着儿童的身心发展，产生了用自己的身体活动去理解和影响周围环境的需要，因此，实物活动是这一时期的主导活动。进入学前期以后，游戏便成了儿童的主导活动。学前期儿童的无意想象已高度发展，有意想象也逐渐产生和发展，为游戏的发生创造了心理条件。身体活动的需要、社会性交往的需要都要通过游戏来满足。

3　学前教育活动的基本要素

1）主体

学前儿童是学前教育活动的理所当然的主体，是学前教育活动中最积极的因素。学前儿童具有巨大的发展潜能和非常现实的学习能力，在学前教育活动中，他们不是被动地承受外部环境的影响，而是主动地作用于周围环境中的人或物，并有选择地接受信息并做出反应，积极主动地对客观现实施加影响。学前儿童的积极主动性和独立性是学前活动得以顺利开展和取得良好效果的保证。教师是学前教育活动的另一主体。教师的主观能动性和创造性是有效指导教育活动的保证。教师主体性的发挥是以学前儿童主体性为前提的，表现为教师充分尊重学前儿童的主体性，视学前儿童为平等的个体，给予学前儿童参与学习计划与自我决定的权力。

2）客体

学前儿童内部心理活动对象是学前儿童自身头脑中已经形成的有关外部世界的人和事物的心理表象及其观念，外部实践活动的对象是各种周围环境中的人或物。活动对象是学前儿童活动的直接动机，其对学前儿童的吸引力构成了教育活动成功的基础。活动对象的特征及活动过程具有一定的方向性，也决定了活动的类型和性质。

3）活动过程

活动过程是活动主体与活动对象发生接触与作用的过程，它是活动的体现，由活动主体的动作、操作、语言等构成。活动主体作用于活动对象，经历活动过程，获得活动的满足和活动的结果。主体的情感、态度以及活动方法等内在于活动过程中，没有活动过程，活动便成了"空中楼阁"。学前儿童以参加和经历活动过程为满足，对活动过程感兴趣，因而能全身心投入，学前儿童正是在参加活动的过程中获得发展的。

4 学前教育活动的类型

1）按对象的关联程度划分

学前教育活动的对象是某些事物或关于事物的知识。当关联性较强的事物归结在一起时，就构成了领域。按领域划分，学前教育活动可以分为学前健康教育活动、学前语言教育活动、学前社会教育活动、学前科学教育活动、学前艺术教育活动，统称为学前领域教育活动。过去学前教育活动是一种单科教学活动，活动对象关联度较弱。

现在，活动对象的关联度加强，不仅有学前领域教育活动，还出现了超越领域的整合的学前教育活动，这种教育活动一般都有一个中心或主题，将学前儿童需要学习的内容或对象联系成一个整体，消除了领域的边界，我们称之为主题教育活动。此外，以学前儿童的活动和经验为主要线索的是活动课程，它的主要表现是区域活动。不同的活动课程可以分出不同的区域。如美国的"幼儿创造性课程"是典型的活动课程，全部课程由11个区域组成。需要关注的是，有些领域课程和主题课程也常部分采用区域活动的组织方式。

2）按活动的性质划分

学前教育活动按其性质不同可分为一日生活活动、教学活动、游戏活动、操作活动、考察活动。

（1）一日生活活动

一日生活活动是学前儿童在幼儿园一日之内要经历的满足其基本生活需要的活动，主要包括进餐、睡眠和盥洗等。幼儿园一日生活活动的合理组织和安排，关系到培养学前儿童良好的生活习惯，提高学前儿童生活的自理能力和社会适应性，促进学前儿童身心全面和谐地发展。同时，有利于各项工作有计划、有步骤地进行，从而提高各项活动的效率。

（2）教学活动

教学活动是一种由教师专门组织的、有很强的计划性的对学前儿童施加影响的活动。它更多地强调教师的作用，强调教学的结果，承担着向学前儿童传递人类和民族文化遗产的任务。教学应符合学前儿童的学习特点，注重教学的游戏化、生活化等。

（3）游戏活动

游戏是最能表现与肯定学前儿童的主动性、独立性与创造性的主体性活动，是在学前教育阶段培养学前儿童主体性的适宜途径，对学前儿童主体性的发展与培养具有重要的教育价值。游戏本身多种多样，有自由游戏、益智游戏。

（4）操作活动

操作活动是以学前儿童的需要、兴趣及身心发展水平为主要依据，考虑幼儿园教育目标及正在进行的其他教育活动等因素，教师创设丰富的环境和利用材料，和儿童共同制定活动规则，让学前儿童自由选择活动材料，进行探究、表达以及同伴交往等活动。它常以区域的形式出现。

（5）考察活动

考察或参观是为学前儿童提供真人、真事、真实场合作为教育环境的一种现场学习活动。教师有目的、有计划地带领学前儿童对所参观的对象进行观察，这种观察活动重点在于根据观察引导学前儿童结合自己的有关生活经验，产生联想、进行对比，从而激发向往、自豪、尊重等积极的道德情感。参观活动可以给学前儿童一个全新的刺激，能激发他们浓厚的学习兴趣。

3）按活动的形式划分

（1）集体教育活动

这是教师面向全体儿童的学前教育活动。教师的方法以直接指导为主，儿童在同一时间内做相同的事情，如集体教学、游戏、参观、听故事等。该活动的优点是便于教师对学前儿童实施统一的活动管理，在全体儿童面临共同的问题或有共同的学习需要时可以采用。如果教师的引导方法适当，可以保证活动的效率较高。但集体教育活动的缺点也比较明显，不是所有内容的学习都适合采用集体形式，而且教师在集体活动时与单个儿童的互动机会非常有限，很难照顾到儿童的个别需要，从而影响因材施教。

（2）小组教育活动

教师面向部分儿童的教育活动。通常是教师将儿童分成组，自己在各组轮流重点指导，这种形式适合于班额不大的情况，且与一定的学习任务分工有关，小组教育活动利于教师分组、分层指导，也有利于儿童小组间的合作与交流。

（3）个别教育活动

当教育对象只有一个儿童的时候，便是个别教育活动，它是教师根据个别儿童的特点进行的教育指导，例如教师和单个孩子进行的晨间谈话就是个别教育活动。个别教育活动是因材施教理念的具体体现。

集体、小组、个别教育活动都是在一定条件下开展的，具有一定的适用范围，且各自具备一定的优势，对教师的要求也不同。集体教育活动需要教师对儿童的一般特点与学习共性有较为全面的认识，对教学的总体要求和教学内容的难易度有恰当的分析与把握，要求教师具备活动组织与展开教学内容的能力，以及对班级全体儿童的一定掌控能力。小组教育活动和个别教育活动除需要教师具备基本的理论素养外，还需要提供更丰富的物质操作环境，便于教师间接指导。

其实，对幼儿园教育活动的任何划分都是相对的。具体在开展活动的时候，可以各种活动互相结合，优势互补。

5 学前教育活动的特点

1）计划性和目的性

学前教育活动是在专门的学前教育机构中，由社会培养和指派的专职幼教人员实施的教育活动，它体现了国家或阶级的意志和要求，是一种依据社会需要来培养人的社会教育活动，因此，具有明确的计划性和目的性。这一特点，使幼儿园教育活动不仅与家庭教育不同，而且与其他学前社会教育活动也有明显的质的区别。

2）儿童主体性和教师主导性相统一

强调学前儿童是学前教育活动的主体，并不是否认教师的积极作用。教师是教育环境的主要创设者，在学前儿童与环境相互作用的活动过程中，需要教师去组织、去实施，也需要教师去指导、去促进和调控，包括激发和维持学前儿童在活动中的积极性、主动性。教师在支持、引导学前儿童学习方面起着积极的作用。因此教师通常也被看成是教育活动的另一主体。学前儿童是学习的主体，而教师是引导的主体。二者之间是平等的、合作的、"互为主体"的关系。但教师在发挥引导作用时，必须尊重学前儿童主体的人格和合法权利，重视学前儿童身心发展的特点和需要。还要承认学前儿童发展的个体差异性，注重因人施教，促进每个儿童在不同水平上都得到发展。也就是说，教师的主导性必须建立在儿童的学习主体地位之上，否则，就有一种"越俎代庖""喧宾夺主"的意味。

3）过程性和结果性相统一

学前教育活动也注重在活动过程中，通过学前儿童自身的感知和思维水平上的操作观察、探索，产生感情上的激动、惊讶和各种感受，以及行为上的操作和反复练习，并获得感性知识、学习概念，体验不同感受，形成良好的习惯等。因此，幼儿园教育活动重视将"活动过程"和"活动结果"统一在活动之中。

4）情境性

情境，既可以是发生在一定背景中的真实情境，也可以是模拟的情境。学前儿童通过在一定情境中的亲身感受，充分地运用自身的多种感知通道去接触情境中的事物、材料，进而在感受、刺激的过程中产生丰富的、真实的体验。情境学习理论强调知识与情境之间动态相互作用的过程，它认为"知识与活动是不可分离的，活动不是学习与认知的辅助手段，它是学习整体中的个有机组成部分"。因此，真正的学习是在有意义的情境中发展的，学前儿童正是在情境中通过活动获得了知识，学习与认知本质上是情境性的。要让儿童在亲身经历和体验中获得知识或概念，情境设置是引发和生成这种学习的最基本条件。

课题二　　学前教育活动设计

1 学前教育活动设计的本质特点

学前教育活动设计是指教师为达到促进儿童发展的目的，对学前教育活动的基本要素和组成部分的安排与组织。它是教师日常工作必不可少的一环，直接关系着教育活动的成效。学前教育活动设计具有系统性、动态性、合作性这些本质特点。

1）系统性

学前教育活动设计是一项系统性的工作。这项工作需要建立在对学前儿童的观察了解基础上，既要分析学前儿童的学习需求，又要分析教学资源；既要考虑活动目标、内容、途径等活动本身的要素，又要考虑幼儿园物质条件、当地的教育资源等外部因素，同时，教育活动设计还是教师儿童观、课程价值取向及其所实践的课程模式的具体反映。学前教育活动的各要素之间是相互联系和相互制约的，学前教育活动设计在本质上是对教育活动整体结构的系统设计。

2）动态性

以往的观点认为，学前教育活动设计就是准备静态的活动计划或方案的过程。其实，活动计划或方案只是活动设计的组成部分，也就是说，对活动的构成要素的组织与安排既体现在静态的计划或方案中，还体现在活动的实际开展中。活动设计应包括事先的计划以及在活动开展过程中根据实际情况的需要对活动计划进行的调整与再设计。因此，学前教育活动设计过程实质上是不断循环的动态过程。学前教育活动设计也是个不断修正和完善的过程。

3）合作性

学前教育活动设计的侧重点应该放在教育活动过程上。教师设计教育活动时要充分考虑到儿童在整个教育活动中的位置，整个设计是师生的对话和交流，而不是教师机械地"闭门造车"。幼儿园采用的课程文本是课程专家多年潜心研究的成果，但是课程文本毕竟带有普遍性，教师在采用课程文本时必须考虑到内容是否适合本地、本园。

活动设计并不是教师包办一切，教师并不是唯一的发起人，儿童在某种程度上也可以参与其中。儿童可以通过自己的行为"表达"对教师发起的活动的看法，儿童也可以做活动的发起人，向教师"表述"自己感兴趣的事物。

2 学前教育活动设计的基本环节

学前教育活动设计的基本环节包括活动设计思路、活动目标的确定、活动准备、活动过程等。教育理念和课程模式不同，学前教育活动设计各环节的呈内容的详细程度也会相差很大。

1）活动设计思路

设计思路即设计意图，是根据当地教育资源、幼儿园及学前儿童的实际情况，结合活动内容，概述活动过程中拟实践的教育理念、原则、方法等。

对于瑞吉欧教育体系等一些以生成课程为导向的活动设计来说，设计思路并不局限于某一两个活动，而是更为广阔、深远的，其着眼点是为儿童不期而遇的学习和创造有想象力的表达提供帮助。

2）活动目标的确定

教育活动的目标，是学前教育活动目的性的体现。

教师应根据儿童的年龄特点、原有水平和能力、活动的内容和性质来确定具体明确的活动目标。过去，活动目标突出的是教师"教"的结果；现在，人们关注更多的是儿童的"学"。因而，目标的表述更多地指向儿童的学习结果，从儿童的情感与态度、能力、知识与技能等方面对教育目标进行描述，与儿童的学习紧密结合在一起。

许多课程的活动设计并不预先规定具体的目标，只有一个大的指导思想，即教育目的。如果一定要说有目标的话，其目标也不是预先规定好的，而是伴随着活动的开展而不断形成的。

3）活动准备

活动准备是教育活动正常进行所必需的知识与物质备。具体包括儿童的经验准备、材料的准备、活动场地布置等。活动准备既可以在活动前的日常生活中进行，也可以是前一个集体教育活动本身。

4）活动过程

活动过程设计是对教育活动各部分内容与方法的规定。通常，活动过程包括导入、展开、结束三个基本部分。

活动导入是将儿童的注意力转移到学习的内容上，激发儿童对内容的学习兴趣，其方法灵活多样，但时间不宜过长，一般不超过3分钟。

活动展开是活动过程的主要部分，在其中教师呈现教学内容，通过提问、演示各种教具等指导方法保持儿童活动的积极性，引导儿童观察、操作、感知、发现、理解等，并对儿童做出及时恰当的回应。教师力求做到：教学策略、教学方法和教学组织形式的选择注重儿童学习过程的体验，体现自主、合作、探究学习方式的主要特征；突出教学内容重点，巧破难点，内容安排合理、有序，容量安排恰当，教学媒体使用适时、适量、适度，体现创新性和可操作性；活动展开一般分3~4个环节，各环节要求保持学习上的递进性。

活动结束可以是对学习内容进行归纳、总结，也可以是教师对儿童的学习结果与儿童在活动中的表现做出评价，还可以引出新的学习课题。总结时，不能对刚刚经历的学习过程抽象化，对儿童的学习内容"概念化"，避免生硬地说出儿童不能理解的话语。

3　学前教育活动设计的原则

1）兴趣性原则

兴趣是学前教育活动开展的驱动力和出发点。学前教育活动内容必须是符合儿童兴趣的，是儿童真正关心的和需要学习的。否则，非但不能体现儿童是学习活动主体的特点，而且让儿童学会应付教师，活动变成"走过场"。

2）灵活性原则

尽管活动设计中确定了"小目标"，但教师心中要有"大目标"意识，这个大目标就是儿童的学习与发展。也就是说，教师在实施设计好的教育活动时，如果儿童的学习兴趣与需要正好与活动的目标与内容相符，则按事先的设计方案进行；如果出现了不相符的情况，则需要考虑预先设计的局限性并对这种设计进行调整，有必要时甚至放弃，从儿童的兴趣与需要中产生新的教育活动目标和对内容进行再设计。

3）联系性原则

学前教育活动内容的选择和组织必须要遵循联系性原则。联系性一方面表现在活动内容中设计的概念之间的纵向发展的联系，确保由已知到未知、由整体到部分、由一般到个别，不断分化。联系性另一方面表现在教育活动内容之间的横向联系，从横向方面加强活动内容所涉及的相关概念之间的联系，以及知识、技能、情感各部分内容之间的协调衔接，以促进儿童融会贯通，并保证儿童的协调发展。此外，与学前教育活动设计的联系性相呼应，教师还应将教育活动的目标、内容、过程、形式与手段、环境与材料等联系起来，相互协调，对学前教育活动进行整合化的设计，以期达到教育活动效果的最优化。

4　不同类型学前教育活动设计的基本规范

学前教育活动的设计样式多种多样，不同的学前教育活动特点决定了学前教育活动的设计样式不同。这里从活动对象的关联程度的视角，分别对学前领域教育活动、学前主题教育活动及学前区域教育活动的设计规范做出说明。

1）学前领域教育活动设计

学前领域教育活动是学前教育中常见的一种教育活动。学前领域教育活动是根据活动对象的关联度，将幼儿园的教育活动划分为几个领域，一般包括健康、语言、社会、科学、艺术五个领域。

学前领域教育活动是从教师出发，由教师设定教育内容，按领域的特点有目的、有计划地开展教育活动的过程。儿童在领域教育活动中获得的知识比较系统，教师的作用比较突出。因此，教师在教学活动的设计过程中要注意把知识传授与儿童兴趣结合起来，教育目标和教育方法结合起来。既要顺应儿童的自然发展，又要将儿童的发展纳入社会所需要的轨道。

学前领域活动设计时需要注意以下几方面：

（1）教育活动设计中体现领域特点

不同学习领域的教育活动在教师的教学和儿童的学习方面是有不同的规律和要求的，教育活动设计要符合这些规律和要求。

儿童健康应该是儿童在身体、心理和社会适应等方面都表现出健全的状态。近些年来，人们更重视让儿童认识生命、珍惜生命、尊重生命、热爱生命，学习以积极的方式保护生命以及处理自己与环境和他人之间的关系。健康教育活动不仅有正规的、有计划的教育活动，也有在常规生活中贯穿的教育活动。语言教育活动为儿童创设支持语言教育的环境，让儿童乐于表达、善于表达。学前语言教育的内容主要是丰富儿童的词汇，培养儿童聆听和讲述的能力，讲述与朗诵儿童文学作品。社会学习涉及儿童自身、自己与他人、自己与环境之间的相互作用。科学教育活动是科学启蒙教育，它使用儿童可以亲历和感受科学探究的过程和方法，目的重在激发儿童的认识兴趣和探究欲望。

（2）领域之间相互渗透

各领域教育活动都有自己的特点，但是领域教育活动也不是完全分割、各自独立的。各领域教育活动之间的渗透更有利于儿童保持对教育活动的兴趣。《幼儿园教育指导纲要（试行）》指出："各领域的内容相互渗透，从不同的角度促进幼儿情感、态度、能力、知识、技能等方面的发展。"

（3）分析领域活动素材，找准目标与内容定位

学前领域活动内容的选择和组织可以立足于现有教材，但是不能拘泥于教材。教师在利用教材内容时，既要对同一个活动内容或作品素材尽量从不同层面进行挖掘和内容设计，又要从儿童的视角出发分析素材所蕴涵的核心经验，从而设计出适宜的教育活动目标和内容。

2）学前主题教育活动设计

主题教育活动是一种幼儿园综合性课程，由一系列主题教学活动组成。主题教育活动以主题开始，将教学内容综合到一个网状的主题之中。主题的开展可以由教师确定活动目标和活动内容，也可由儿童根据与主题有关的学习经验发起活动。

主题教育活动是当前幼儿园中最为盛行的教育活动之一。主题教育活动设计不同于"整合科目"的教育活动设计，"整合科目"的教育活动设计中，设计者首先注意的是目标，活动是以这些目标的实现为出发点和归宿的；而在主题教育活动设计中，活动目标可以由设计者预设，也可以由儿童生成。也就是说，主题教育活动中教师是根据儿童的生活经验和主题，选择活动内容，再根据内容，设置活动的目标，而这些目标具有相对性和可变性。

（1）过程性和结果性相统一

主题教育活动也注重活动过程，通过学前儿童自身的感知和思维水平上的操作观察、探索，产生感情上的激动、惊讶和各种感受，以及通过行为上的操作和反复练习，获得感性知识、学习概念，体验不同感受，形成良好的习惯等。因此，幼儿园教育活动重视将"活动过程"和"活动结果"统一在活动之中。

（2）情境性

情境学习理论强调知识与情境之间动态相互作用的过程，它认为"知识与活动是不可分离的，活动不是学习与认知的辅助手段，它是学习整体中的个有机组成部分"。因此，真正的学习是在有意义的情境中发展的，学前儿童正是在情境中通过活动获得了知识，学习与认知本质上是情境性的。要让儿童在亲身经历和体验中获得知识或概念，情境设置是引发和生成这种学习的最基本条件。

（3）整合性

学前教育活动的整合性是学前儿童学习与发展特点在学前教育活动上的全面反映，学前儿童还不具备分科学习的能力。

课题三　学前教育活动评价

学前教育活动评价是幼儿园教育评价中的一个重要组成部分。学前教育活动评价是指评价者依据一定的客观标准对学前教育活动的目标、教材内容、活动过程、形式与手段、环境与材料以及活动效果等进行的评定过程。

1　学前教育活动评价的意义

评价是教育活动发展的重要环节。教育活动从制定目标、选择教育内容，到活动的设计以及计划的实施，其教育效果如何，是否达到预期目标，是否促进儿童的发展均需客观地进行评价。评价的意义体现在以下几个方面：

1）有利于加强幼儿园管理

教育活动评价是对教育工作的有效监督。它对办好幼儿园，全面提高教育质量具有指导性和指令性作用，有助于促进幼儿园的各项管理走向规范化和科学化。

2）有利于提高教师队伍的素质

教育评价的过程就是对全体教职工的工作成效、业务水平、敬业精神和工作能力的评价。通过自我评估以及专家和社会的评价，教职工的工作得到了公正、客观的质量判断。通过寻找目标与现状的差距，可进一步调动教职工的工作积极性、主动性，从而激励他们更加勤奋学习，转变教育观念，努力工作，做出更大的成绩。

3）有利于促进学前儿童的发展

对幼儿园教育活动进行评价，可以了解教育活动的目标、计划、内容、过程、方法以及环境、设备、材料等是否适合学前儿童的发展水平，是否能促进学前儿童的身心发展。可以观察学前儿童的兴趣、能力、智力、道德行为、情感和态度，了解学前儿童教育活动的过程、方法等方面存在的问题，通过经常对照评价标准进行分析，发现不足，交流经验，不断改进教育活动中的不足，激发学前儿童的活动动机和参与教育活动的兴趣和信心，激励学前儿童继续学习，从而在教育活动中取得更大进步。

另外，通过评价，还可向家长、幼教工作者和社会人士提供可靠的信息，以促进社会各界对学前教育工作的关心。同时还可以为教育决策部门提供科学而有效的参考资料。

2　学前教育活动评价的要素

1）评价的目的

学前教育活动评价是对幼儿园教育活动质量所做的测量、分析与评定，是对幼儿园教育活动各个环节进行客观、公正、科学的价值判断的过程。它融会并贯穿于幼儿园整个工作之中，在整个评价体系中起到方向性和标准性的作用。学前教育活动评价的目的主要有两个方面：一方面，了解教育的适宜性、有效性，调整和改进教育工作，激发学前儿童的活动兴趣，促进每一个学前儿童全面和谐发展；另一方面，是通过对教育实践的审视，发现、分析、研究、解决问题，激发教师的工作兴趣，形成教师良好的工作情绪，提高教育质量，促进教师自我的成长。

2）评价的内容或对象

学前教育活动评价主要包括两大方面：对学前儿童"学"的评价和对教师"教"的评价。即从学前儿童角度出发的对活动参与有效性的评价和从教师角度出发的对教育活动设计与指导有效性的评价。

（1）对学前儿童"学"的评价

由于学前教育活动具有生活化的特点，系统的学科知识的学习并不是学前儿童的主要任务，因此学前教育活动评价的重点不是学前儿童知识技能的掌握情况，而是学前儿童从身体到心理的全面发展水平。例如，"幼儿发展评估指标系统"中将学前儿童发展的指标领域设定为健康与动作、语言能力、认知能力、社会性能力、习惯五个方面，每一个方面又可以进一步细分为多个一级和二级指标。

（2）对教师"教"的评价

对教师"教"的评价包括了对教育活动目标、内容、方法、资源利用、环境创设的评价。对一个教育活动目标的评价主要包括目标的表述方式、表述内容、表述指向等方面；对教育活动内容、方法、资源环境的评价可以从其适宜性、有效性、针对性、整合性、开放性等方面进行评价。教师的教育活动是否与教育目标一致；是否既符合大多数儿童的需要，又兼顾了儿童的个别差异；是否在活动中尽量做到个性化的教育和评价；教师是否为学前儿童的整体发展创造了一个丰富的、和谐的环境；是否有效地利用了可利用的教育资源；是否给每位儿童平等的表现和发展的机会；是否能引导学前儿童主动、快乐地参与活动，发现学前儿童的发展潜能等都是对教师"教"的评价内容。

3）评价的主体

学前教育活动评价的主体即活动评价的实施者。教育行政管理部门人员、幼儿园园长、教师、学前儿童、家长等均可以成为评价的主体。评价过程是他们共同参与、相互支持与合作的过程，但是不同主体所进行的课程评价具有不同的视角和目的。

各级教育行政管理部门人员根据《幼儿园工作规程》和《幼儿园教育指导纲要（试行）》的精神对全国或地区的幼儿园课程进行评价，其目的是评估物儿园执行国家和地方幼儿园政策的情况。

幼儿园园长的评价目的是了解本园的教育活动实施状况，整体把握本园的教育质量。园长的教育价值观反映了一所幼儿园基本的办学思路，园长的评价标准对教师实施教育活动的行为有重要影响。

教师是教育活动的实施者，也是评价的主体。幼儿园教师运用儿童发展与教育心理学、学前教育原理、社会学等专业知识审视教育活动和教育实践，发现、分析、研究、解决教育问题，了解学前儿童发展的水平，发现活动的优点与不足，目的是改进教育活动，促进学前儿童发展，促进教师自身的成长与提高。

学前儿童也可以作为评价的主体参与评价过程。学前儿童与其他年龄段的学生不同，他们不是通过语言，而是通过自己的行为反应和发展变化来"发表"他们对活动的看法。他们的行为和变化具有重要的评价意义，教师应把它看作重要的评价信息和改进工作的重要依据。

家长是幼儿园教师的重要合作伙伴。他们对教育活动的评价反映着幼儿园对家长需求的满足状况。虽然家长不可能参与教育活动评价的全部工作，而主要是通过对子女学习状况的了解，对教育做出评判。即便如此，家长已成为评价教育活动的重要影响因素，因为家长的评价意见关系到学前教育的生存和发展。

学前教育活动应充分发挥教师作为评价主体的作用，以自评为主，教育行政人员、园长、其他教师和家长参与评价，组成一个互助合作群体，一起研究、改进教育活动，同时相互沟通，共同提高。

4）评价的标准

评价任何事物都要有一个衡量的尺度。教育活动评价标准是衡量教育活动设计、实施及其效果的尺度，也是制定具体评价指标的指南。如果标准不合理、不科学就会对教育活动起消极的作用。因此，制订评价标准是一项十分严肃而重要的工作，一定要遵循国家的教育方针、学前教育的目的来精心研制。从宏观上看，我国的《幼儿园教育指导纲要（试行）》和《幼儿园工作规程》规定的保育、教育目标和教育工作的要求是评价学前教育活动的基本标准，但这样的评价标准只体现了活动评价的指导思想和原则，评价者通常会基于这些指导精神，根据不同的评价目的，制订具体的评价标准和指标。

3　学前教育活动评价的原则

1）尊重性原则

尊重性原则是指在教育活动评价的实施中应充分体现对被评价者的尊重，无论是对学前儿童的评价还是对活动中教师的评价都应当坚持客观、公正的态度，同时以激励、发展和正向为主，以帮助教师或学前儿童发现、发扬长处，弥补不足。评价的目的不是甄别和选拔，而是发现问题，提高教师的自我反思能力，激发学前儿童的活动兴趣与信心。因此，活动评价应该建立在评价者和被评价者之间平等关系的基础之上，使教育活动评价更好地体现出客观性、公正性，以达到评价促进教育活动改革和提高活动质量的作用。另外尊重性原则还体现在对活动事实的尊重，在有些活动中，表面看来儿童有讨论、游戏、操作等学习方式，但究其实质，儿童还是被动地按照教师的要求、指令进行看似热闹的操作或合作，实际上有部分儿童并不知道做什么、为什么做、如何做。儿童依然被教师牵着鼻子走。因此，在评价过程中要尊重教育活动的实际效果，评价不能仅仅通过表面的、定量的形式来进行，而应当结合深入的全面的观察和记录来展开评价。

2）辩证性原则

辩证性原则体现在评价学前教育活动不仅要重视活动的结果，更重要的是关注活动的过程。教育活动是在特定的环境和背景下进行的，所以教育活动评价不能脱离特定的环境，脱离了活动过程仅仅关注活动结果的评价往往是不合实际的、有失偏颇的、简单的评价。因此，我们要慎用评价结果，不要伤害教师的教育热情和对孩子的信心。作为评价者应该跟踪学前儿童的真实生活和学习情境，观察并记录他们在实际情境问题中的参与、交流、兴趣、态度等方面的状况并做出分析和评价。把握和提倡评价中的辩证性原则，更关注教育活动的过程，而非学习结果；更强调的是评价的过程性、现场性和及时性。另外，辩证性原则还体现了评价结果的动态性与发展性，评价结果的动态性与发展性体现在评价结果对学前儿童与教师的影响不是暂时的，而是长远的，它鼓励教师不断地提高设计教育活动的水平与自身的专业素质。

3）科学性原则

科学性原则首先体现在要有正确的指导思想和评价标准。教育活动评价的指标要与《幼儿园工作规程》的精神和原则相一致，防止用不适宜的评价指标干扰教育活动。评价者不能单凭主观经验来评定和判断教育活动的质量或学前儿童的发展能力与水平，而必须采取科学的评价方法、手段和工具来展开评价。科学性原则还体现在承认和关注学前儿童的个体差异，避免用同一的标准评价不同的儿童，在儿童面前慎用横向比，要以发展的眼光看待儿童，既要了解学前儿童现有的水平，更要关注其发展的速度、特点和倾向等。

4）多元化原则

学前教育活动评价的多元化原则体现在两个方面：一是评价主体的多元化，学前教育活动评价的过程是多方面共同参与、相互支持与合作的过程。幼儿园的管理者、教师、家长及学前儿童都可成为教育活动评价的参与者。无论是对幼儿园整体工作的评价，还是对教师工作、学前儿童发展的评价都需要管理者、教师、家长以及学前儿童的共同参与。二是评价目的的多元化，在教育活动评价过程中不能顾此失彼，评价者必须综合考虑教育活动的各个方面，防止片面性，尤其是要避免只重视知识和技能，忽略情感、社会性和实际能力的倾向。

4 学前教育活动评价的方法

在学前教育活动评价中，无论是量化评价或质性评价、形成性评价或总结性评价、内部评价或外部评价，评价者都要通过适当的方式支持和促进学前儿童的学习。在幼儿园教育实践中，有两种典型的评价方式，即"说评结合法"和"档案袋评价法"。

1）说评结合法

"说评结合法"是对于教师开展的教育活动，先由执教者自评，然后由富有经验的教师、教研组长、教研员或专家组评，再由听课者评议。包括了对教育活动目标、手段、过程和方法的评价。

教育活动目标是教育活动的起始环节，对教育活动目标的评价主要包括目标的可操作性、整合性与针对性。目标的可操作性即目标是具体、明确、可行的；目标的整合性即目标能够促进学前儿童整体和谐的发展，包括了知、情、意、行四个方面的评价。目标的针对性即目标要关注学前儿童的实际生活，与学前儿童的生活经验以及实际发展水平相联系。

对教学手段的评价主要看教育活动的手段是否体现了学前儿童的年龄特点，是否促进学前儿童在已有水平上的发展等。

对教育过程的评价主要包括在教育活动的过程中教师的教学思路是否清晰，结构是否严谨，教师是否能监控整个活动，是否能很好地引导儿童进行活动，同时儿童是否全身心的投入，主动参与活动。

教学方法的选用是为了更好地完成教学目标，对教育活动方法的评价主要看教师的教学形式是否适宜于教育内容和教学条件；提问方式是否促进儿童已有经验和新经验的碰撞，进而推动儿童自主建构的过程等。

这种方法的实际运用还存在一些问题：如有的说评较肤浅，是泛泛而谈，没有评到点子上来；有的即使看出了问题，也没有相应的改进措施。另外，很多幼儿园教师把评课当成一种负担，常常为了保证活动的效果而事先在班上准备很多次，为了不让孩子们出错甚至还剥夺一些孩子一起学习的权利。

2）档案袋评价法

（1）档案袋评价的含义

档案袋评价是20世纪80年代后，伴随西方"教育评价改革运动"所出现的一种质性评价方法，是一种强调"动态"的评价模式。这种评价法侧重对儿童成长历程的记录与分析，与"说评结合法"相比，它更体现了现代教育的基本精神，即任何教育行动都要落实在儿童的学习与发展上，教育的最终效果不取决于教师做了什么，而取决于儿童做了什么。

儿童成长档案袋评价是对儿童成长过程的档案式记录，通过儿童作品及相关资料的收集、整理，记录儿童在各类活动中体现出的个性、兴趣、态度、能力等表现，它是对儿童发展中的真情实景以及发展轨迹的真实记载，是体现儿童发展"动态评价"的最佳形式之一。

（2）档案袋评价的基本内容

儿童成长档案中的内容，由教育任务和儿童对教育活动的回应构成，包括儿童身体、动作、认知、语言、情感、个性及社会性能力等多个发展领域。如儿童身体状况这部分资料主要是儿童身体各方面生长发育状况的评价和记录（如身高、体重、视力、牙齿、动作、血色素等方面的指数）。其来源主要是幼儿园对儿童进行的定期或不定期的身体健康状况测查以及上一级的卫生健康主管部门对该园儿童进行的健康状况抽查数据。

（3）档案袋评价的实施过程

首先进行诊断性评价，包括儿童的身体状况、性格特征、认知风格、能力，以此调整教育行为。其次，在儿童的活动过程中将评价作为活动的一部分。最后对成长档案袋评价结果进行交流与观察记录等。

（4）档案袋评价的优缺点

档案袋评价作为学前教育活动中一种典型的评价方式，存在其自身的优势。一方面档案袋评价有效地促进了教育与评价的有机结合。教师可以把档案袋评价贯穿和融汇在一日的教育教学活动之中，档案袋评价不仅发生在教学之后，还发生在教学的过程中，乃至教学之前。它有助于教师及时、准确地获得有关儿童学习与发展的信息，对儿童形成合理的教育预期，提出适当的学习目标，选择有效的教学策略，并不断进行调整与改进，为儿童提供适合其特点且卓有成效的教育。另一方面档案袋评价十分注重评价过程中儿童的参与。儿童可以选择将什么装进档案袋，可以参与档案袋评价标准的制订，可以把自己的作品和进步与他人分享，提供给儿童对自己的作品进行自我评估和反省的机会。应用档案袋评价的最大障碍首先就是时间问题，档案袋内容的收集、编排、保存等工作需要花费大量的时间。

单元 **6**

幼儿园的教师

教师是人类灵魂的工程师，幼儿园教师是崇高的社会职业，认识幼儿园教师的职业特点及其应具备的职业素养，重视幼教师资的职业培训，是提高幼儿教育质量，培养跨世纪人才的关键所在。

课题一	幼儿园教师的职业特点

幼儿园教师因其教育对象的特殊性，使这一职业具有许多自身的特点。幼儿园教师在拥有既定的权利的同时，也承担着诸多的责任和义务。随着教育事业在经济和社会发展中的重要性的不断显现，幼儿园教师在幼儿个体发展中所起的重要作用为人们逐渐认识，幼儿园教师的地位也在日益提高。

1 幼儿园教师劳动的特点

任何一种职业的劳动都有自己的独特之处，幼儿园教师职业的劳动也不例外。随着教育改革的不断深入，幼儿园教师的劳动也呈现出一些新的特点，主要有幼稚性、全面性、时代性、复杂性、多样性、地方性等。

1）幼稚性

幼儿园教师的劳动具有幼稚性，这具体表现在两个方面：其一，以劳动的客体来看，教师教育的对象是幼儿，幼儿身心发展的水平较低，身体各器官还不够成熟，思维具体形象，辨别是非的能力较差，模仿性较强，需要教师对其进行基本的、简单的正面教育。比如，幼儿不爱吃海带，在进餐前，教师就告诉幼儿：有一种病叫大脖子病，脖子粗粗的，连气都喘不过来，身上一点力气也没有，可难受了。但有一个办法可保证我们不生这种病，这就是吃海带。今天食堂的阿姨为我们做了这种菜，我们大家要多吃一点。其二，从劳动的主体来看，一些幼儿园教师从幼儿师范学校毕业，刚走上工作岗位的时候大都在十八九岁，还很年轻，涉世不深，还没有恋爱结婚，在任教的最初几年里会有一些棘手的事情需要处理。例如，在教师教小班小朋友学《老师像妈妈》的儿歌以后，午睡时，有个小朋友就提出要含着老师的乳头睡觉，因为他在家里都是含着妈妈的乳头入睡的。为此，教师想了个办法让他含着奶瓶睡觉。下午妈妈来接他时，他冲出教室门，兴奋地大喊："今天我们老师给我吃奶了。"

教师听后感到很难堪，自己还未谈婚论嫁，怎么都给幼儿喂奶了？

2）全面性

幼儿园教师的劳动任务呈现出全面性的特点。幼儿教育是国民素质教育的重要组成部分，教师的任务是面向全体幼儿，对幼儿进行全面发展的教育，使每个幼儿都能健康活泼地成长。教师不仅要对每个幼儿施行身体的、认知的、道德的、审美的整合性教育，而且还要注意采用游戏化的方式促进其发展。比如，为了帮助幼儿学会画大树，教师先用形象化的儿歌描述大树高而粗的特点："大树高，大树粗；要问树干有多粗，三个宝宝抱不住；要问树枝有多高，三个宝宝够不着。"接着教师边说边在黑板上画下了1和Y，让幼儿猜一猜它像什么，然后再以接龙的方式，请每个幼儿为大树添加枝叶。

3）时代性

幼儿园教师的劳动充满了时代的气息，在不同的时代，教师的劳动拥有不同的特点，随着时代的发展变化而不断发展变化。不论是从幼儿园教师劳动的内容上看，还是从劳动的手段上看，均如此。比如，近些年来，人们喜欢到超市去购物、到快餐店去进餐，许多教师也把商业、餐饮业的这些场景移植到了幼儿园里来，通过"超市""快餐店"来对幼儿进行各种内容和形式的教育。随着科技的发展，电脑知识逐渐普及，一些幼儿园教师也把电脑多媒体作为教育的重要手段之一，加以运用。

4）复杂性

幼儿园教师的劳动过程特别庞大复杂。幼儿教育的基本途径是寓教于幼儿园一日生活之中，为了实现幼儿教育的任务，教师往往要精心安排、组织幼儿的入园、晨间活动、早操、早点、盥洗、教育教学、游戏、午餐、午睡、盥洗、散步、午点、教育教学活动、自由活动、兴趣活动、离园等各个环节的活动，做到动静交替，保证幼儿健康的发展。例如，为了给幼儿创设一个良好的睡眠环境，教师让幼儿聆听平缓、抒情的乐曲，使幼儿产生愉快的感觉和睡意，很快进入安静的睡眠状态。另外，幼儿在成长的过程中，会受到来自幼儿园、家庭和社会的多种因素的影响，只有在教师的调控下，这些因素才能对幼儿产生积极的影响，因而也增加了教师劳动过程的复杂性和艰巨性，比如，教师教育幼儿要分享、谦让，分苹果时挑小的拿；如果家长觉得自己交的饮食费和别人一样多，拿小的就吃亏了，要求孩子拣大的拿，家长与教师如此相悖的价值观、教育观必然会给教师的工作增加难度。

5）多样性

幼儿园教师的劳动呈现出多样性，首先表现在劳动模式的多样化上。为了促进幼儿的和谐发展，教师既可采用分科教育模式，也可采用综合教育、主题教育、区域教育模式，或是多种模式的综合体。例如，为了丰富幼儿关于"车子"的知识，教师设计了收集活动、参观活动、阅读活动、写生活动、音乐活动、游戏活动、实践活动、创造活动等，把科学、语言、音乐、美术、体育等科目的内容融为一体。其次表现在劳动形式的多样化上，为了完成幼儿教育某方面的任务，教师既可运用集体教育的形式，也可运用小组教育、个别教育的形式，或是几种形式的统一体。同样是集体教育，教师也要根据具体的教育内容选择合适的排座形式。

6）地方性

幼儿园教师的劳动表现出鲜明的地方特色。我国幅员辽阔，各地差异较大，不论是城乡之间，还是城市与城市之间、乡村与乡村之间都有着明显的差别。不同的地区，经济资源、文化设施不同，为幼儿园教师的劳动所创造的物质条件也就不同。比如，一些沿海地区或海岛的幼儿园教师，便于利用贝壳、海螺、海水、海草、海鱼等物质资源对幼儿进行"海洋教育"；一些山区幼儿园教师，便于利用茶叶、香菇、木耳、桑叶等题材对幼儿进行植物方面的教育。

2 幼儿园教师的权利和职责

为了保障教师合法权益，建设具有良好思想品德修养和业务素质的教师队伍，促进社会主义教育事业的发展，1993年10月31日第八届全国人民代表大会常务委员会第四次会议通过了《中华人民共和国教师法》，并规定每年的9月10日为教师节，这不仅有利于形成尊师重教的社会风气，而且还标志着我国教师的权利和义务、资格和任用、培养和培训、考核、待遇、奖励、法律责任等都已经得到了法律的保障。1996年中华人民共和国国家教育委员会发布了《幼儿园工作规程》，进一步明确了幼儿园教师的资格、权利和职责。

1）幼儿园教师的资格

自1994年1月1日开始，我国各地相继实行了幼儿园教师资格制度。幼儿园教师的资格认定一般包括下面几个方面：①遵守宪法和法律，拥护党的基本路线；②热爱幼儿教育事业，爱护幼儿，具有良好的思想品德，为人师表，忠于职责；③具备幼儿师范学校毕业及其以上学历，或经国家教师资格考试合格；④有教育教学能力，努力学习专业知识和技能，提高文化和专业水平；⑤身体健康。认定合格者，均可取得幼儿园教师的资格。从1996年起，我国幼儿园教师实行了责任制，对有幼儿园教师资格的人员进行招聘，择优录用。

2）幼儿园教师的权利

幼儿园教师的权利主要是指教师依法行使的权力和享受的利益。通过法律的形式规定幼儿园教师的权利，是维护幼儿教师利益、保证幼儿园教师顺利工作的必要条件。幼儿园教师应享受下列权利：①进行幼儿教育教学活动，开展幼儿教育教学改革和实验研究；②从事幼儿教育的科学研究、学术交流，参加幼儿教育专业的学术团体，在学术活动中充分发表意见；③指导幼儿的学习和游戏，评定幼儿的身心发展水平；④按时获取工资报酬，享受国家规定的福利待遇以及寒暑假期的带薪休假，幼儿园教师的平均工资水平应当不低于国家公务员的平均工资水平，并逐步提高；⑤对幼儿园教育教学、管理工作和幼儿教育行政部门工作提出意见和建议，通过教职工代表大会或者其他形式，参与学校的民主管理；⑥参加进修或者其他方式的培训。

3）幼儿园教师的义务

幼儿园教师的义务就是教师依法应尽的责任。幼儿园教师对本班工作全面负责，其主要职责如下：①依据国家规定的幼儿园课程标准，结合本班幼儿具体情况，制订和执行教育工作计划，完成教育任务；②观察了解幼儿，记录、分析、评价幼儿的发展状况，促进幼儿在原有水平上的提高；③严格执行幼儿园安全、卫生保健制度，指导并配合保育员管理本班幼儿生活和做好卫生保健工作；④与家长保持经常联系，了解幼儿家庭的教育环境，商讨符合幼儿特点的教育措施，共同配合完成教育任务；⑤参加业务学习和幼儿教育研究活动；⑥定期向园长汇报，接受其检查和指导。

幼儿园教师的权利和义务是辩证统一的，既不能只行使权利而不履行义务，也不能只承担义务而不享受权利，否则不利于教师队伍的稳定和素质的提高。据报道，S省农村幼儿园教师大量流失，严重影响了当地幼儿教育事业的发展。比如，L县不仅是全省而且还是全国基础教育的先进县，幼儿教育曾取得长足的进步，但幼教队伍却出现了流动大、素质低的问题。据统计，1981年以前参加工作的近千名幼儿园教师，到1995年只剩下了127名，现在在岗的约千名幼儿园教师，每年也以250名左右的速度流失，流失率颇大。造成这一状况的原因主要有二：一是转正无望，不要说是普通的民办幼儿园教师，就是那些曾多次荣获"先进教师""教育能手"等称号的民办幼儿园教师，工作多年后仍然是民办教师身份。二是工资过低，就拿L县Y乡来说，农民人均年收入5 000元，可该乡的幼儿园教师人均年收入只有2 000元。可见，要稳定幼教师资队伍，就必须从解决幼儿园教师的实际问题入手，在让他们担负相应的义务的同时，还应让他们享有一定的权利。

3 幼儿园教师劳动的价值

教师在幼儿教育中居有十分重要的地位，教师保育、教育幼儿的价值主要体现在：教师是维护幼儿身体健康的保健师，是开启幼儿智力之窗的建筑师，是塑造幼儿美好心灵的工程师，是提高幼儿审美能力的艺术家。

1）维护幼儿身体健康的保健师

幼年期是儿童长身体的重要时期，教师保健师的作用首先表现在教师照料幼儿的生活。幼儿年龄小，能力弱，教师要对幼儿的饮食、睡眠、盥洗给予适当的关心和指导。例如，午睡时，一个小朋友把大便拉在裤子上了，教师及时帮他清洗下身，并给他换上干净的裤子、被褥。

其次，还表现在教师要负责幼儿的安全。幼儿年幼无知，自我保护能力较差，教师要加强防范意识，承担保护幼儿的责任。比如，在玩沙游戏开始前，教师要求幼儿戴好防护帽，以免日晒，以及沙子进入耳朵；在玩沙游戏结束后，教师用油毡布把沙池盖好，以防异物落入，刺伤幼儿的手脚。

再次，还表现在教师保证幼儿的健康。有的幼儿有挑食的习惯，教师要注意矫正，培养幼儿良好的饮食习惯，帮助幼儿获取充足的营养，保证身体的正常发育。例如，有的幼儿不爱吃青菜，教师不强迫他去吃，而是通过巧妙的办法和他讲道理，提醒幼儿把不爱吃的蔬菜先吃掉。

最后，还表现在教师指导幼儿锻炼身体。1995年8月29日第八届全国人大常委会通过了《中华人民共和国体育法》，提出了"国家提倡公民参加社会体育活动，增进身心健康""国家推行全民健身计划，实施体育锻炼标准，进行体质监测"等条款。教师应重视对幼儿进行体育锻炼，有助于提高中华民族的体质与健康水平。近些年来，许多教师都能注意利用废旧物品自制体育运动器械，如用瓶盖做串铃，用挂历纸做纸棒等体操器械，从小培养幼儿对体育活动的兴趣，增强幼儿的体质。

2）开启幼儿智力之窗的建筑师

许多心理学的研究都证明，童年期是幼儿智力发展的关键期，教师建筑师的作用首先体现在教师要激发幼儿的学习兴趣上。兴趣是幼儿学习的动力，教师要促使幼儿勤于思考，积极反应，主动学习。

其次体现在教师丰富幼儿的知识概念上。教师向幼儿传授的知识主要是关于周围生活的一些粗浅知识和基本概念。例如，教师在教幼儿学习儿歌《几条腿》（小黑鸡，两条腿，大黄牛，四条腿。蜻蜓六条腿，螃蟹八条腿，蚂蚁十条腿，蚯蚓、鱼没有腿）时，幼儿通过吟唱，既能知道2到10的5个偶数、小和大的相反概念，又获得了一些动物方面的简单知识。

再次体现在教师培养幼儿的技能技巧上。为了培养幼儿动手操作技能，教师可为小班幼儿提供碎海绵、碎布头、面团、黏土、沙子、珠子、瓶子、瓶盖等材料，让幼儿尝试探索如何做手工。

最后还体现在教师提高幼儿的智力能力上。智力是幼儿认识能力的整体，包括观察力、注意力、记忆力、想象力、思维力和语言表达能力等。例如，为了发展幼儿的语言表达能力，教师在让幼儿进行气象观察和记录的基础上，每天还给幼儿提供几分钟的时间，模仿电视台的叔叔阿姨，学做"气象先生"和"气象小姐"，解说、预报天气情况。

3）塑造幼儿高尚品德的工程师

幼儿可塑性很大，童年期是幼儿良好的道德品质形成的基时期，教师工程师的作用首先展现在教师提高幼儿的道德认识上。道德认识是幼儿道德品质形成的先导，教师通过讲故事、看图片、观看电视等生动活泼的形式，为幼儿塑造具体的道德形象，帮助幼儿分辨是非善恶。

其次展现在教师陶冶幼儿的道德情感上。道德情感是幼儿道德品质形成的动力，情境是幼儿道德情感产生的特有条件，教师通过创设良好的环境，来对幼儿进行初步的五爱教育。

再次展现在教师培养幼儿的道德意志上。道德意志是幼儿道德品质形成的杠杆，教师通过建立合理的常规、必要的制度来培养幼儿的自控能力和自制能力。例如，教师和幼儿一起讨论定出了一条班级规则——"午睡时不讲话，不玩玩具"以后，凡能遵守这条规则的幼儿，起床后，教师都奖给他一朵小红花，以强化幼儿的坚持力。

最后展现在教师训练幼儿的道德行为上。道德行为是幼儿道德品质形成的关键，教师通过给幼儿提供榜样、实践、练习的机会，来训练幼儿的行为，帮助幼儿形成习惯。比如，幼儿早上来园以后，教师主动招呼他"你早"；在幼儿做了老师的小帮手以后，教师对他说"谢谢你"；当教师不小心碰到幼儿的时候，对他说"对不起"；在幼儿离园时，教师和他说"再见"。教师的模范言行有利于培养幼儿文明礼貌的行为。

4）提高幼儿审美能力的艺术家

爱美之心人皆有之，幼儿也不例外。幼儿对美的反应是从无意识走向有意识的，在此过程中，需要教师的培养和指导。教师美容师的作用首先体现在教师为幼儿创造美的生活环境，幼儿园室内外环境的布置一般都具有整洁化、绿化、艺术化、儿童化和美化的特点，幼儿整天生活在这样一个环境中，会受到美的熏陶和感染。

其次体现在教师引导幼儿认识自然的美。大自然是幼儿审美能力发展的丰富源泉，教师通过带领幼儿观察大自然的山川、河流、花草、树木，就能增强幼儿对自然美的感受；通过让幼儿学习，欣赏反映自然美的文学作品，就能扩展幼儿对美的认识。例如，当教师把《冬爷爷的胡子》（冬爷爷的胡子，亮晶晶，硬邦邦。挂在那树枝、屋檐、山崖……风娃娃很喜欢冬爷爷的胡子，吹呀吹得冬爷的胡子响叮当！响叮当，响叮当，掉下一根粗又长，送给爷当拐杖）这首散文诗让幼儿欣赏，在给幼儿惊喜的同时，也会使幼儿感到冬天的美妙，激发幼儿对大自然的热爱。

再次体现在教师指导幼儿表现美、创造美。音乐、美术、娱乐活动经过教师的精心设计和安排，就能有力地促进幼儿艺术才能的发展。例如，在音乐课上，教师让幼儿先听一段乐曲，再根据这段乐曲说几句话；美术课上，教师先让幼儿欣赏一首诗，再根据这首诗的内容画一幅画。

课题二　幼儿园教师的职业素养

幼儿园教师是以学前教育为职业的专业工作者，肩负着国家和社会的委托。因此，幼儿园教师必须具备一定的职业素养才能担负起教育幼儿的神圣使命，幼儿园教师的职业素养包括职业道德和智能结构两大方面。幼儿园教师的职业道德是幼儿园教师在教育活动中必须履行的行为规范和道德准则，影响着幼儿教育工作的成败。所以，幼儿园教师要不断加强道德修养，提高职业道德水平。幼儿园教师的职业道德包括：对待幼儿教育事业的道德、对待幼儿的道德、对待幼儿园教师集体的道德、对待自己的道德。

1 幼儿园教师的职业道德

1）对待幼儿教育事业的道德之爱岗敬业

爱岗敬业是幼儿园教师的基本道德准则，也是做好本职工作的前提条件，教师如果爱岗敬业，在工作中就会勤勤恳恳，任劳任怨，知难而上，不断取得新的成绩。

2）对待幼儿的道德之关爱幼儿

关爱幼儿是幼儿园教师职业道德的核心，是评价幼儿园教师职业道德水准的重要指标。教师对幼儿的爱既是一种巨大的教育力量，也是一种重要的教育手段。

教师关爱幼儿就要全面关心幼儿的成长，满足幼儿生理上和心理上的需要。比如，在幼儿吃苹果的时候，教师发现有个小朋友吃得很慢，大家早已吃完了，他的苹果却只咬下了一点点。教师见状，就来到他的身边，询问原因。当教师得知这个幼儿乳牙已脱落，正在换恒牙时，就帮他把剩余的苹果切成小薄片，使他吃起来方便一些。此外，教师爱幼还要严格要求幼儿，帮助幼儿克服不良习惯。例如，有个幼儿长得又高又壮，他常利用自己力气较大的特点，去争抢同伴手中的玩具，或是攻击同伴。教师据此就给他讲小动物们团结友爱，在狐狸的带领下，打败了大老虎的故事，教育这个幼儿要学会用自己的力气，去帮助弱小的同伴，大家互爱互助。

3）对待幼儿园教师集体的道德之团结协作

幼儿园教师与幼儿园教师之间的关系、幼儿园教师与整个幼儿园教师集体之间的关系，是幼儿园教师职业道德的一个重要领域。幼儿园教育任务的完成、班级保教工作的开展都是教师集体创造性劳动的结果。而教师要注意建立融洽和谐的同事协作关系，这不但有利于教师的心理健康，而且也有助于优化育人的环境。幼儿园教师在同事之间应做到心理相容，彼此尊重，相互支持。

教师还要注意形成与集体通力合作的良好关系。幼儿园教师集体是个由共同的教育任务组成的复杂整体，要使这一集体能够作为一个统一整体有效地进行工作，所有成员力量的协调一致就显得尤为重要。

4）对待自己的道德之教书育人

教师自身的业务提高和道德修养是衡量师德高低的重要标准。在幼儿教育中，教师不仅要以自己的知识、技能去影响幼儿，而且还要以自己的品行、行为去感染幼儿。教师只有严格要求自己，不断进取，才能适应科技迅猛发展的知识经济时代所发出的挑战。调查说明，生活在日益国际化的大都市的幼儿园教师，虽然享有其他地区的教师尚未企及的物质文明，但也承受着体制转型期间以及城市格局、功能急剧变化而带来的各种不同形式的压力。

2 幼儿园教师的智能结构

要使幼儿园教师在教育过程中发挥出最佳功能，就必须深入探索其在智能上最合理和完善的结构。幼儿园教师的智能结构由知识结构和能力结构两部分组成。

1）幼儿园教师的知识结构

教师是促进幼儿现代化的启蒙者，要按照社会的需要来塑造幼儿，教师自身的知识结构会对幼儿的发展产生很大的影响。幼儿园教师的知识结构一般来讲有以下几种：

（1）"I"形知识结构

知识面较狭窄，不博，只知道与幼儿园各科教学相关的知识点，而对国家的政治、法律不够关心，心理学、教育学、动物学、植物学等学科的知识较为贫乏。

（2）"一"形知识结构

拥有《幼儿园教育纲要（试行）》中所规定的"语言""科学""数学""音乐""体育""美术"等科目的基本知识，但并不精通其中的任何一门学科。比如，有的教师能承担所有这些学科的教学活动，但是，没有哪一门学科教得生动活泼、有特色。

（3）"T"形知识结构

横线表示较宽广的知识面，竖线表示有一门钻研较深的专业知识；既有宽厚的知识根基，又有所专长，"博"和"专"相结合，以博养专，以专促博，专与博相辅相成，潜力大，易在教学科研上取得丰硕成果，是较佳的知识结构。例如，教师在掌握幼儿园六科知识的基础上，对音乐情有独钟，熟知各种乐曲、舞蹈、乐器，擅长音乐教学活动。

（4）"H"形知识结构

这类幼儿园教师在"T"形知识结构的基础上，精通一门以上的专业知识，即在广博知识的基础上，又精通两门以上的专业知识，能在两门或以上的学科领域里遨游。所掌握的两门专业知识有明显的交叉点、结合部，是最佳的知识结构。这些幼儿园教师可以算得上是"通才"，一专多才能量大，用途广。

2）幼儿园教师的能力结构

教师不仅要有丰富的知识、熟练的技能，更重要的是要具备一系列的能力，才能胜任幼儿教育工作，促进幼儿发展。幼儿园教师合理的能力结构应当包括：观察能力、表达能力、组织能力、教育能力、创造能力、设计能力、交往能力和评价能力。

（1）观察能力

教师要教育幼儿，就必须了解幼儿。观察是教师了解幼儿的窗口、获取信息的主要途径。通过观察，教师能了解、掌握幼儿的发展水平，为设计幼儿未来的发展计划奠定基础。观察能力是幼儿园教师首先必须具备的最基本的能力。

为了提高观察能力，教师在观察幼儿时，要注意把有目的有计划的观察与随时随地的观察、普遍观察与重点观察、全面观察与某方面观察结合起来；注意利用日记、表格、摄影、录音、摄像等多种形式，对已观察到的情况进行客观、公正的记录，以全面、细致、准确地了解一切幼儿和幼儿的一切。

（2）表达能力

表达能力是指教师通过语言及非语言的方式向幼儿表露自己思想、知识、信念和情感的能力。其中语言表达能力包括口语表达能力和书面表达能力，非语言表达能力包括用手部动作、面部表情来进行表达的能力。

（3）组织能力

幼儿园教师是教育教学活动的组织者，要使幼儿一日生活有条不紊、有秩序地进行，教师就必须具有组织各种活动的能力，如谈话活动、盥洗活动、教学活动。

现行幼儿园班级规模都较大，不论是集体活动，还是小组活动，或者是个人活动的顺利开展，都要求教师拥有较强的组织能力，否则，就无法胜任本职工作。例如，教师在组织幼儿小组活动和个别活动时，要根据幼儿的兴趣爱好、知识经验、言语动作、思维想象等方面的差异及活动内容的变化，灵活地对幼儿进行分组，使幼儿的组合始终处于一种动态过程之中，并从幼儿个性、年龄差异和活动特点的不同实际出发，指导幼儿的小组活动和个人活动。例如，在分组活动时，教师既要监督玩水区的幼儿不喝水池里的水，又要注意到木工区的幼儿不被锤子锤到手，此外，还要兼顾积木区的幼儿不用积木打人等。

（4）教育能力

教师的教育能力主要包括确定教育内容的能力和选择教育策略的能力。教师在确定幼儿教育内容时，要把体力、认知、情感、社会性、审美作为教育的主要内容，重视发展幼儿的思维能力、创造能力，培养幼儿的成就感和合作精神；教师在发展幼儿思维能力的时候，要把教育的重点放在幼儿发散思维品质的培养上，爱动脑筋、勤于思考习惯的塑造上；教师在培养幼儿发散思维品质的时候，要尽可能少地向幼儿提出事实问题（即只要根据眼前的事实就能立即做出回答的问题，比如，"这是什么颜色？"）和说明问题（即运用已有的知识经验，做简单对比，便可得出答案的问题，比如，"鸟和蜜蜂有什么相同的地方和不同的地方？"），而要尽可能多地向幼儿提出启发性问题（比如，"你是怎样用纸折出飞机的？""还有其他什么方法？"）以打开幼儿的思路，引导幼儿从不同的角度认识事物，寻求多种答案，并在此基础上，不断提高问题的难度和创新。教师在选择教育策略时，要更多地运用表扬奖励的方法；充分利用园内外各种教育途径和资源，"走出去，请进来"提供许多动口、动脑、动手的机会，促进幼儿的发展。比如，教师不能总是扮演讲述者的角色，侃侃而谈，而是应充当听众，在幼儿入园时，让他们讲一讲"昨天晚上在电视上看到了什么节目"；在幼儿离园时，让他们说一说"今天做了什么最有趣的事情""明天想干什么"，以培养幼儿的口语表达能力。

（5）创造能力

幼儿教育是一项创造性的工作，这是一个需要创造的时代。幼儿园教师的创造能力主要是指其不断学习，汲取新知识，创造更新的教育方法的能力。幼儿园教师只有不断尝试，大胆创新，才能更好地促进幼儿的发展，培养出合格的跨世纪的公民。所以，创造能力是时代对幼儿园教师的呼唤。

幼儿园教师要利用多种机会来锻炼自己的创造能力：首先是教玩具的制作。教师要能利用各种废旧物品来制作教具和玩具。例如，用包装盒、塑料瓶制作出形态各异的玩具；用铁丝把易拉罐扎成梅花桩。

其次是环境的布置。教师要能根据季节的变化、教育内容的调整，利用各式各样的材料来布置教室、装扮环境。比如，在寒冷的冬天，教师可和幼儿一起用彩纸、泡沫片剪贴、涂画成一幅"飞雪迎春"的墙面装饰图；在开展迎新年的活动时，教师可和幼儿一道用皱纹纸、旧挂历纸撕拉、拼贴出一幅"新年献礼"的装饰画。

再次是教学活动的实施。教学活动是教育活动的一个重要组成部分，教师要能根据不同的学科、同一学科不同的教学内容、教育对象，创造性地进行教学。例如，为了帮助幼儿认识圆柱体，教师准备了铅笔、圆柱体积木、火腿肠、小刀、乒乓球、硬币，通过让幼儿参与观看、触摸、滚动、切割、拼拆等活动，使幼儿意识到"上下有两个相同大小的圆形面，四周光滑，上下一样粗，像根圆柱子的形体"就是圆柱体。

此外，教师还应通过主题活动的编设、区域活动的安排、游戏活动的指导等来发展自己的创造能力。

（6）设计能力

幼儿园教师的设计能力，主要指教师设计幼儿教育计划的能力，它包括设计教育幼儿的计划和日活动的计划的能力。教师的设计能力与其对幼儿过去的了解能力和对幼儿未来发展的预测能力密切相联，影响着幼儿的发展水平和幼儿园的教育质量。而且教师在设计教育幼儿的计划中，首先需要阐明具体的教育目标，比如，是认知方面的目标，还是情感方面的目标，或是社会性方面的目标；是为了丰富幼儿的知识经验，还是为了培养幼儿的兴趣爱好，或是为了提高幼儿的能力。其次需要说明实现这些目标的主要过程和步骤。

教师在设计一日活动计划时，需要对幼儿园日常生活的各个环节加以分析，根据幼儿的发展水平，准备丰富的活动材料，提供充足的活动时间与空间，确保一日生活的科学化、合理化。教师在制订好幼儿教育计划以后，还应处理好稳定性与灵活性之间的关系，保证计划的稳定性，有利于塑造幼儿良好的个性特征和行为习惯，符合幼儿成长发展的要求。与此同时，还要注意计划的灵活性，因为幼儿教育活动并不以教师的意志为转移，它受到多种因素的影响，况且，幼儿的身心也是在不断发展变化的。所以，教师只有敏锐地对这种变化做出反应，调整、修改原有的计划，制订出新的计划，才能适应幼儿继续发展的需要。例如，幼儿园为幼儿安排的午睡时间为2~2.5小时，有的幼儿不需要这么长的睡眠时间，很早就醒了，教师就要从每个幼儿的实际情况出发，让他们轻轻起床，允许他们提前到户外去活动。

（7）交往能力

教师的交往能力主要反映在教师与幼儿交往的模式上，这已成为世界幼教发达国家评估教师能力的一个重要指标。教师与幼儿交往的模式有下面几种：①单向交往模式。教师与幼儿在进行交往活动时，教师是信息源，信息只从教师这一方传向幼儿，幼儿被动地接受、贮存教师发出的信息。②双向交往模式。教师与幼儿在进行交往活动时，教师和幼儿都是信息源，他们都发出信息接受信息，有主导性、引导性，幼儿有主动性、积极性。③多向交往模式。教师在与幼儿相互作用的过程中，不仅使教师和幼儿相互成为对方的信息源，而且还使部分幼儿成为同伴的信息源，对同伴产生一定的影响。④交叉交往模式。教师在与幼儿进行相互作用的过程中，不仅使教师和幼儿彼此成为对方的信息源，而且还使幼儿彼此之间都成为同伴的信息源。

（8）评价能力

在幼儿教育中，教师是最主要的、最有权威的评价者。因此，教师的评价能力就显得格外重要。幼儿园教师的评价能力，主要指的是教师判断、评估幼儿教育价值的能力，具体表现在：①教育目标的评价。教师评价幼儿教育的目标是否已经实现；幼儿在哪些方面已经得到了发展；后续目标是什么，是否符合幼儿的兴趣、需要；如何实施等。②教育策略的评价。教师评价幼儿教育的途径是否适当，有利于幼儿教育内容的完成？是否适合幼儿的年龄特点和个体差异；幼儿教育的方法是否多种多样，具有实效；③教育活动的评价。教师评价幼儿教育活动的内容是否丰富多彩；活动的材料是否十分充足；幼儿是否有自由选择活动的权利与机会；个人充分自由活动的时间有多长。

教师在进行幼儿教育评价时，可采用以每日评价为主，每周评价、每月评价及每年评价为辅的方法来进行，以深入了解本班教育工作情况和效果，不断总结经验，改进工作。

课题三   幼儿园教师的职业培训

幼儿园教师资队伍建设是决定幼教质量的一个关键性因素，因此，重视幼教师资培训，加强课程建设，通过灵活多变的形式，来提高幼儿园教师的素质和能力就显得尤为重要。

1 幼儿园教师培训的意义

对幼儿园教师进行培养和提高，具有十分重要的意义。首先，这是发展幼儿教育事业，提高幼教质量的保证。在幼儿教育中，教师是教育者、教育的主体，幼儿是受教育者、教育的客体。

为了使广大的幼儿都能受到有益于他们成长发展的教育，就必须拥有一支懂得幼儿心理、掌握幼教规律的高质量的教师队伍，科学而又艺术化地"传道""授业""解惑"，教书育人，否则，就不可能使幼儿健康活泼地成长和发展。

其次，这是贯彻国家教育政策法规，提高国民素质的需要，需作为教育工作的一项根本任务来抓。我国《教师法》规定，各级人民政府、教育行政部门、学校主管部门和学校应当制订教师培训规划，对教师进行多种形式的思想政治、业务培训。为此，许多省市都制订了幼教师资培养计划，进一步落实国家的教育法规。

再次，这也是我国幼儿教育事业与国际接轨，走向世界前列的必然。师范教育具有超前性，更应面向现代化、面向世界、面向未来。国外许多国家都很重视幼教师资的培训工作，注意更新幼儿园教师的知识，增强幼儿园教师的能力，提高幼儿园教师的学历层次，如美国、瑞典、德国、澳大利亚、日本、韩国都规定幼儿园教师的学历要在大专程度以上。现阶段我国一些经济比较发达的省市，也汲取了国外幼教师资培训中的宝贵经验，制订了幼教师资队伍的发展战略，提出了幼教师资队伍建设的目标和要求，并对幼儿园教师的学历做出了具体的规定。比如，上海市教育委员会规定到2000年，全市要有60%～65%的幼儿园在职教师要达到大专学历层次；幼儿园新教师按专科起点学历标准任职。

2 幼儿园教师培训的机构

我国幼教师资的培养多少年来几乎一直是由中等幼儿师范学校、师范学校以及职业高中的幼师班承担的。初中毕业生通过文化考试、艺术体育加试、专业面试，被择优录取在这些教育机构里学习2～3年，掌握基本的幼教专业知识和技能，毕业后分配到幼儿园、学前班等幼教机构任教，成为我国幼教战线上的主力军。

进入20世纪80年代以后，全国许多高等师范院校教育系学前教育专业、高等幼儿师范专科学校开始招收应届高中毕业生，进行2～4年的专业教育，使他们获取较高的理论知识和一定的教育技能。一些学生专科、本科毕业后到幼教机构去工作。虽然这种幼教工作者人数较少，但却给幼教界带来了勃勃生机。

近几年来，幼儿园教师培训机构发生了很大的变化。随着教育改革的深入发展，各级政府也都加快了对幼教师资培养工作改革的步伐，许多中等幼儿师范学校相继开办了幼教大专班；一些高校的学前教育专业也从教育系中独立出来，成立了专门的系、所；有的高校的学前教育专业还与当地的幼儿师范高等专科学校、幼儿师范学校合并，组建学前教育学院，出现了从培养专科生到本科生，直至研究生的不同层次的幼教工作者的新格局，造就一支庞大的高质量的幼教师资队伍。

此外，全国各地的一些教育学院也担负着培养幼教师资的任务。例如，上海市各区县的教育学院负责培养本地区的幼儿园教师。这些培训机构除了担任幼儿园教师的职前培育工作以外，还担负着幼儿园教师的在职提高职责。例如，2000年，上海有约一万名的幼儿园教师参加大专学历培训，这项艰巨的任务就是由华东师范大学学前教育与特殊教育学院和上海市各地区教育学院共同承担的。

实践证明，众多幼教师资培训机构的合力协作，为幼儿教育机构输送了大批合格的教师，推动了幼儿教育事业的蓬勃发展。这不仅是我国幼教发展的成功经验，而且也是世界各国幼儿教育事业发展的普遍规律。

3 幼儿园教师培训的课程

幼儿园教师培训的课程主要有必修课和选修课两个部分。

1）必修课

必修课是对学生、学员进行专业知识和技能教育的主要途径。我国幼儿师范学校为学生职前教育开设的必修课课程约25门。由于学校招收的是初中毕业生，还需要提高其文化水平，因此文化类课程所占比重较大，教育类和艺术类课程相对较少，约计13门，主要是：幼儿心理学、幼儿卫生学、幼儿教育学、幼儿语言教学法、幼儿科学教学法、幼儿数学教学法、幼儿音乐教学法、幼儿体育教学法、幼儿美术教学法以及音乐、舞蹈、美术和体育基础训练等。

我国高等师范院校为幼儿园教师在职专科教育开设的必修课程种类繁多，除政治课（比如，中国特色社会主义概论）、综合基础课（比如，大学语文、基础英语、自然科学基础、计算机基础）以外，还有专业基础课（比如人体解剖生理学、学前教育学、幼儿心理学、幼儿保健学、中国幼儿教育史、外国幼儿教育史、幼儿游戏理论、教育科研方法等）。高等师范院校为幼儿园教师在职专科升本科教育方面开设了综合基础课和专业基础课。

为了使学生、学员能够全面、深入地了解儿童身心发展的特点、规律以及教育儿童的基本原理、原则和方法，各国培训机构都设置了众多课程，以充实、提高学生的理论修养，我们也可以借鉴这些国家的经验，对现有的课程进行适当的调整，从国情出发，从幼教实际出发，因地制宜，再增设一些专业课程，如独生子女教育、农村幼儿教育、少数民族地区的幼儿教育等，以主动适应各地幼儿教育发展的需要。

2）选修课

选修课也是幼教师资培训中必不可少的一部分。它能够丰富学生的知识，培养学生的兴趣，发展学生的特长。我国幼儿师范学校为学生开设的选修课很少，因而未能充分调动学生学习的积极性和主动性，学生的兴趣爱好缺少发挥的机会，多方面技能和能力的发展受到限制。20世纪90年代初期，国家教育委员会组织了"全国幼师教育方案"课题组，研制了《三年制幼儿师范教学方案》，提出了以必修课程、选修课程、教育实践和活动课程"四板块"相结合，组成教育教学活动的主体实施途径，才使选修课在幼师的课程建设中占有一席之地。

我国高等师范院校也越来越重视选修课的课程建设，在20世纪90年代中后期为幼儿园教师在职专科学历教育开设的课程主要有：学校管理心理学、幼儿园管理、学前教育概述、幼儿品德教育、幼儿家庭教育、幼儿语言教育、幼儿科学教育、幼儿数学教育、幼儿音乐教育、幼儿美术教育等。

4 幼儿园教师培训的形式

1）职前培养和在职提高相结合

要提高幼儿园教师队伍的质量，不仅要重视职前教育，而且还要更加重视在职提高。一方面要采取切实有效的措施发展师范教育，提高幼儿园教师的社会地位和物质待遇，改善师范院校的办学条件，鼓励和吸引大批优秀学生报考师范院校，以加强幼儿园教师职前培训工作。例如，法国这个幼儿教育发达的国家，允许学生在师范院校学习期间，享受教师待遇，带薪学习，毕业后马上任教，至少工作10年。

另一方面还要重视幼儿园教师的在职培训工作，这是终身教育的需要，也是现代教育的需要，要把教师从自然成长过程转化为自觉提高过程，就必须对所有教师进行在职培训，即使是那些有合格学历、能胜任工作的幼儿园教师也不例外。在一些幼儿教育比较发达的国家，教师的进修与提高既是一种权利，又是一种义务，用法律形式规定幼儿园教师必须定期接受在职培训。例如，法国规定，幼儿园教师每5年轮训一次。韩国缩短幼儿园教师在职培训周期，将过去每工作5年才有一次轮训机会，改为现在的工作3年就有一次轮训机会。我国目前也有一些省市教育行政部门从当地实际出发，统筹安排，规定幼儿园在职教师要进修成人高等师范专科教育，每个幼儿园教师隔几年就要进修一次，并采取多种措施为教师进修创造条件。

2）脱产进修和业余学习相结合

脱产进修和业余学习是幼儿园教师在职进修的主要形式，由于幼儿园教师的数量不足，编制有限，往往是"一个萝卜一个坑"，使教师的脱产学习有许多困难。利用节假日、夜晚等业余时间进行学习，是我国现阶段幼儿园教师提高自身专业素养的一个重要举措，"园内搞活动，园外忙'充电'"就是近两年幼教系统展现出的一幅生动的画面。

在脱产进修和业余学习当中，又有长期培训和短期训练之分，长到一年，短至几天、几个星期、几个月。

3）广播电视教育、函面授辅导和教师自学相结合

这种培训形式便于学生、学员选择，安排好自己的工作、生活和学习，有利于发挥幼儿园教师的积极性、主动性。有些省市还鼓励教师在自学成才的基础上，建立了"师带徒""导师制"制度，例如，上海市还启动了培养中青年骨干教师的"百、千、万工程"，形成幼儿园教师培训的网络。在这种形式的进修中，教学软件是个关键问题，应重视幼儿园教师培训课程的教材建设，形成合理的课程教材体系。例如，上海市教育委员会为幼儿园教师继续教育课程构建了包括教师修养、专业知识及技能更新、教育教学实践研究、教育理论、教育科研等5个模块的课程教材体系；并组织编写出版了学前教育丛书，例如，《幼儿保健学》《外国幼儿教育史》《中国幼儿教育史》《学前教育学》《幼儿游戏理论》《幼儿家庭教育》《幼儿语言教育》等，供幼儿园在职教师进修成人高等师范专科学前教育专业时使用。

4）学术报告、专题讲座和经验交流、观摩活动相结合

许多国家都注意探索幼儿园教师的培训方式，以求提高幼儿园教师职前教育和在职培调的效率。例如，在澳大利亚，教师注意注重运用多种现代化教学手段与设备（如电视、录像、投影、幻灯片、录音）来对学生进行专业教育；讲授时间短，讨论时间长，比例约为1∶2；气氛比较轻松、活泼，使学生好于学、乐于学。在日本，幼儿园教师的在职进修有园内培训及公开保育活动、园际间研修交流、幼儿自然教育研究会举办的假期培训班、全日本保育研究集会等形式。

我国也对幼儿园教师的培训方式进行了改革。近些年来，已在不同程度上突破了传统的学历培训课堂授课制方式：以学员自主学习为出发点，注重教育教学能力的培养；根据成人、在职进修的特点，开发了案例教学、现场教学、合作教学、远程教育和临床诊断式、探究式、研修式个别化指导等，以适应不同培训对象、不同培训内容的灵活多样的培训方式。此外，中国学前教育研究会以及下属几个专业委员会，还定期在全国各地举办"幼儿健康教育""幼儿家庭教育""幼儿艺术教育""幼儿双语教育"等方面的学术交流活动，既有大会学术报告，又有小组讨论、现场观摩，内容具体，针对性强，促进了幼儿园教师教育教学能力、教育科研能力的提高。

5 幼儿园教师培训的实践

幼儿园教师师资培训中的实践是指每个学生在专业领域中的教育见习、实习活动，它为学生获得一定的专业经验提供了良好的机会，是学生又一个学习过程，这是职前教育的重要环节，对于学生了解幼儿园，熟悉幼儿，巩固专业知识，培养实际能力，初步掌握科学的教育教学方法，具有特殊的作用。

许多国家正是认识到了实践活动在幼教师资培训中的价值，才将培训的焦点集中于此。例如，丹麦为了使学生能够把所学的幼教专业知识运用于实践，掌握教育幼儿的技能技巧，培训学院给一年级学生安排14周、二年级学生安排13周的教育实习时间；三年级时，学生除了上80学时的课程以外，其余时间皆用于参观访问、调查了解、评价研究学前教育机构及活动上。

此外，学生几乎没有机会接触幼教实际。高等院校专科、本科的教育实践活动与此类似。显然，这不利于构建学生合理的知识结构，提高学生的实际工作能力。为此，需要加以改革和调整，博采众国之长，紧紧把握幼儿教育实践性强的特点，把理论知识的教学与专业实践活动结合起来；课堂教学与课外见习相结合；增加教育见习和实习时间；鼓励学生走向社会，参与幼儿教育的调查研究、改革实验、社会咨询和直接为幼儿园服务等活动，以培养学生多方面的技能和能力。

6 幼儿园教师的性别和学历问题

幼儿园教师的性别问题一直是幼儿园教师师资队伍建设中的一个热点问题。在世界各国幼儿教育发展的进程中，许多教育家都很关注这一问题。世界"幼儿教育之父"、德国教育家福禄贝尔曾提出幼儿园教师应由未婚女性来承担；我国幼儿教育家张宗麟在20世纪20年代却指出幼儿园教师不仅可以而且还应当由男性来承担，他躬身实践，成为清末近代幼儿教育制度建立以来中国第一位男性幼儿园教师。

长期以来，我国幼教界始终是女性一统天下的局面，男教师无几。进入20世纪80年代以后，随着幼教改革力度的加大，幼教工作者已逐渐认识到清一色的女性幼教师资队伍对幼儿人格健全发展所带来的一些负面效应，并寻求矫正的良策。幼儿师范学校、高等师范院校在招生时，注意扩大男性的比例，并出台一些优惠政策吸引男性从事幼教工作。幼儿教师队伍中出现了男性的身影，但仍显不足，就像是万里江河中的一滴水，所占比例甚小。近年来，男教师的比例有逐渐上升趋势。教育部发布的"2020年教育统计数据"显示：全国幼儿园教职工总人数为5 198 165人，其中女性有4 802 529人。园长为308 380人，其中女性有277 690人，专任教师为2 913 426人，其中女性有2 848 609人。卫生保健人员为159 998人，其中女性有148 464人；保育员1 085 397人，其中女性1 067 980；其他为730 964人，其中女性有459 786人；代课教师为154 180人，其中女性有146 417人；兼任教师为43 458人，其中女性有37 209人。

广大的幼教工作者工作在不同地区的幼儿园（如城市、县镇、农村）、不同属性的幼儿园（如教育部门和集体办、社会力量办、其他部门办）、幼儿园的不同岗位，不论是幼儿园园长，还是幼儿园的专任教师，都十分注意职前教育和在职培训。不断提高自己的学历层次，促进自己的专业化发展。教育部公布的每年"教育统计数据"显示，到2016年以前，我国幼儿园园长和专任教师的学历主要以专科毕业为主，高中阶段及以下毕业者次之，自2016年之后，依然以专科毕业为主，但本科毕业者超过高中阶段及以下毕业者。其外，研究生毕业的园长和教师也越来越多，到2020年已高达9 000多人（见表6-1）。

表6-1　2010—2020年我国幼儿园园长和专任教师学历统计表

年份	合计	研究生毕业	本科毕业	专科毕业	高中阶段毕业	高中阶段毕业以下
2010	1 305 311	2 472	167 371	632 554	459 356	43 558
2011	1 495 991	2 962	207 454	742 087	496 757	46 731
2012	1 677 475	3 393	256 028	854 014	515 125	48 915
2013	1 885 093	4 291	313 650	989 945	526 263	50 944
2014	2 080 317	5 225	377 392	1 117 219	529 036	51 445
2015	2 303 134	5 875	448 990	1 270 226	529 441	48 602
2016	2 498 783	6 654	522 639	1 408 570	513 707	47 213
2017	2 712 065	7 253	607 705	1 553 973	497 624	45 510
2018	2 873 509	7 852	686 328	1 658 526	476 148	44 655
2019	3 066 750	8 519	781 148	1 773 350	456 643	47 090
2020	3 221 806	9 678	893 003	1 859 982	415 266	43 877

表6-2 2010-2020年我国幼儿园教职工数统计表

| 年份 | 合计 | 园长 | 专任教师 | 保健员 | | 其他 | 代课教师 | 兼任教师 |
				卫生保健人员	保育员			
2010	1 849 301	161 086	1 144 225	160330		383 660	125 348	16 227
2011	2 204 367	180 357	1 315 634	58875		344 799	304 702	146 588
2012	2 489 972	198 238	1 479 237	65 305	408 871	338 321	153 164	22 935
2013	2 826 753	221 606	1 663 487	72 633	484 534	384 493	163 689	24 025
2014	3 142 226	236 169	1 844 148	81 006	550 808	430 095	165 907	22 272
2015	3 495 791	252 113	2 051 021	89 095	632 829	470 733	159 942	24 768
2016	3 817 830	266 716	2 232 067	94 014	710 469	514 564	173 243	38 302
2017	4 192 850	279 927	2 432 138	101 341	813 673	565 771	173 360	41 782
2018	4 531 454	292 146	2 581 363	112 984	910 332	634 629	157 980	46 833
2019	4 915 735	303 646	2 763 104	143 881	1 012 527	692 577	150 408	44 614
2020	5 198 165	308 380	2 913 426	159 998	1 085 397	730 964	154 180	43 458

学前教育与家庭社区

课题一 ▷ 家庭教育及其作用

　　家庭是人出生以后最早接触的环境，也是停留时间最长久的场所，它对儿童的知识经验、思想品德情感态度、行为习惯、兴趣爱好和智力潜能的发展都产生了极其重要的影响。同时，家庭又是千差万别的，有各自的个性，有不同的优势和缺陷。在掌握学前教育的一般规律时，我们必须深入探究现代家庭的教育现状、难点和发展趋势，研究家庭教育的特殊性、矛盾性，引导和促进家庭教育的健康发展。

1 家庭教育

　　家庭教育是家庭生活的基本内容之一，是父母（或长辈）对子女的永恒的社会义务和责任。一般情况下，家庭教育是指家长言传和身教相结合，抚育、培养孩子，以促使孩子身心健康成长，逐渐走向独立的教育活动。由于成人在知识经验、物质掌控、生活安排和社会能力等方面的显著优势，加上学前儿童天真的依恋感、信任感，在学前阶段的家庭教育中，父母承担着主导作用。然而，教育总是双向互动的过程。儿童的个性特征、智力潜能和气质类型也会不断影响着父母的教养行为，在相互接纳、碰撞、抵制、理解的交融过程中，逐渐达到了相互认同和适应。亲子关系是在社会经济文化的宏观背景中通过家庭中无数次多侧面、多渠道的交叉反馈活动而逐渐形成的。

2 家庭教育的作用

　　在我国，对新生一代的教育包括三个方面：家庭教育、学校教育（包括托儿所、幼儿园教育）与社会教育。这三方面的教育，互相渗透、互相联系、互相制约，共同构成我国的整个教育体系。家庭教育是由父母或其他年长者在家庭这个社会组织里自觉的、有意识地对子女进行的教育，是贯穿于日常生活之中的，有计划与无计划相结合的教育。学校教育是由受过专业训练的，具有一定教育能力的教师在学校这个专门的教育机构里有领导、有组织、有计划、有步骤地对学生进行的教育。社会教育广义上是指一切影响个人身心发展的社会生活现象和事件，狭义上则是指学校以外的文化、教育设施对儿童进行的各种教育及影响。在一个人的成长过程中，家庭教育、学校教育、社会教育都在不断地发挥各自不同的作用。从出生到学龄初期，家庭教育占极大的优势。少年期以后，学校教育的作用日益增强，随着孩子独立接触社会的机会的增加，社会教育的影响也不断扩大，但是，家庭教育始终保持着一定的地位。家庭教育是学校教育、社会教育的先导和准备，也是协调三方面作用的重要环节。

家庭教育在整个体系中所处的重要地位和所起的特殊作用，主要反映在以下三方面：

1）是儿童认识和走向世界的起点

婴儿降生时，对现有的社会生活一无所知。他们对世界的认识是从对父母的认识开始的。婴幼儿与父母的关系常常成为他们与整个世界联系的基础和纽带。尤其是在人生最初的几年内，父母保证了孩子的生活需要，向孩子传递了一定的社会行为规范和生活经验，帮助孩子学习行走和语言，使孩子学会了与人交往的基本行为准则。在孩子还不能自己判断事物或做出选择时，父母的判断就是他们最初的行为标准。孩子总是通过父母的言行来认识和评价周围世界的，社会意识往往通过家庭的折射才进入幼儿的心灵，因而家长的行为与子女的行为常常存在着一定的对应关系。苏联教育家马卡连柯说："家庭是最重要的地方，在家庭里面，人初次向社会生活迈进。"家庭承担着儿童认识社会的启蒙工作，指导儿童随机地吸收有益的社会信息，抵制和缓解过于剧烈的冲击和不健康因素的侵袭，为儿童适应社会生活打下基础。在我国，家庭教育不仅仅是家长的私事，更是涉及社会安定与发展的大事。目前，家庭教育面临不少问题：一方面，城市家庭中双职工比例较高，照顾、教育子女的时间相对受到局限，而农村父母外出打工的队伍也逐年扩增，农村家庭中祖父母年龄偏高和文化水平普遍偏低，缺乏教育孙辈的知识和能力；另一方面，家庭结构的小型化趋势和独生子女的增多，许多家长缺乏教育子女的经验，而现今孩子的心理成熟又比过去提前，他们对家长的教育水平不断提出新的挑战，给家庭教育增加了难度。

2）为儿童身心的健康发展提供必要的条件和可能性

父母不仅给予子女先天的遗传素质，包含身体的形态、体质特征或遗传病等种种有利和不利发展的因素，也提供儿童后天发育成长的环境和条件。要使儿童发展的可能变为现实，在很大程度上要靠家庭教育。家庭教育是从胎儿的保健和教育开始的。在家庭中，通过婚前检查、产前诊断、产前保健和教育，可以控制不健康的胚胎的产生和保证正常胎儿的生长，可以预防和减少先天性疾病。良好的居住环境，母亲心情愉悦、开朗，经常接受音乐和艺术的熏陶，可以影响胎儿，达到潜移默化的教育效果。这些都是保证新生儿健康成长的坚实基础。

孩子出生后，家长给他创造了生活的第一个环境——家庭，能给予孩子亲切的抚抱、合理而充足的营养、宽松而暖和的衣服、空气流通和阳光充足的生活场所，以及能促进其体力、智力发展的有丰富信息刺激的物质环境，如适宜的玩具与活动器械、图书与儿童自由探索的机会等，这些都在一定程度上影响着家庭教育的质量。不同的家庭教育会使儿童获得不同的发展。体质、品德、智慧和审美意识的早期开发都需要良好的家庭教育。心理的发展遵循着"用进废退"的规律，缺乏玩具、图书，处于单调环境，人际交往机会很贫乏的孩子在智力、体力上的反应，远比处于丰富环境，与人交往较多的婴幼儿差。

3）儿童性格雏形形成的关键

家庭不但为儿童创造生活和发展的物质环境，满足其物质需要，而且还给儿童以父母的爱抚、信任和理解，满足其精神需要。爱是人的本能需要，享有充分的父母的爱和信任，对儿童身心发展的影响与物质环境同样重要。父母对孩子的关切、期待、鼓励、引导，有助于儿童的安全感、自信心、自制力、同情心、责任感、道德判断、智慧、语言和社会交往能力的发展。相反，那种漠不关心、冷漠拒绝、粗暴专制，对儿童正当需要不了解、不满足的教养态度，会阻碍儿童积极情感和社会性的发展，也直接影响儿童智力和体力的发挥。

儿童的性格还在很大程度上取决于儿童与家庭成员之间的双向联系，主要是父母、长辈与孩子之间的关系。大致有以下三种关系：

①以成人为中心的家庭。在这种家庭中，儿童的家庭地位多半处于顺从、依附、被动的位置，这就容易养成依赖、听话、胆小、退缩的性格。

②以儿童为中心的家庭。在这种家庭中，有的儿童甚至成为家中的"小霸王""小太阳"，指挥与决定整个家庭的动向，几个成人围绕着一个孩子团团转，百依百顺，这就容易使孩子形成自我中心、自私、任性、粗暴、不守纪律或依赖、无能的性格。

③民主和睦、相互尊重、合作的家庭。在这种家庭中，成人既尊重儿童的意志和合理要求，也注意培养儿童良好的行为习惯和自控能力，愿意接受成人的正确指示，因而发展了儿童独立、自信、讲道理、勤思考的性格。

父母的教育影响与儿童主观能动性的交互作用，有时一致，有时分歧，构成了极其错综复杂的心理、生理影响。这些影响日积月累地作用于具有不同遗传素质的儿童身上，就会引起他们不同的行为反应，塑造出每个儿童特有的个性特征。

课题二　▶　家庭教育的特点和要求

家庭教育在不同的时代有不同的特点，同时因为家长的个人能力、素质、品格的不同，所面对的孩子的特质不同，使家庭教育的方法和结果各不相同。但总的说来，家庭教育有一些基本的特点和要求是教师和父母应当了解的。

1　家庭教育的特点

1）具有强烈的社会性和时代性

在人类历史上，婚姻和家庭是社会发展到一定阶段的产物。它是在特定的生产水平和社会组织制度中产生的，正如恩格斯所说："一夫一妻制这种个体家庭的出现是以私有制对原始公有制经济的胜利为基础的第一个家庭形式。"随之而来的是，对新生一代的教育抚养也由大家庭成员共同承担，转变为由生身父母单独进行，社会提供的学校由父母自由选择参与，这是文明时代开始的标志之一。而父母对孩子的教育则受到当时的社会政治、经济和文化的影响，在不同的时期呈现不同特征。

2）具有特殊的亲密性和权威性

家长是家庭生活的组织者和亲子关系的维护者。在子女面前，特别是在学前儿童心目中，家长具有无上的权威力量。孩子在没有学会独立生活之前，在经济上、生活上、感情上都依附于家长，受家庭影响最大。家庭教育是在可靠的物质供养和深厚的感情依恋融为一体的情况下进行的，它有着学校教育、社会教育所没有的自然强化效应。在关键时刻家长的几句话，能使子女牢记一辈子。特别是良好的家庭集体对教育儿童有着特殊的作用。家庭每个成员都有较高的生活目标和精神追求，有浓厚的好学上进的气氛，能相互激励，形成良好的家风，能使团结友爱、文明卫生、有条理、守秩序、负责任的行为方式很自然地在孩子心中生根，为以后正确的待人处世打下基础。

3）具有民族文化的传承性和家庭教化的连续性

父母和子女朝夕相处，他们的教育影响是长期存在，反复进行的。教师是会更换的，但父母除了死亡和婚变，很少变换。因此，父母的持续不断的教育，其牢固程度要超过其他教育。而且，家庭教育是一种终身教育，人们在一生中始终是直接或间接的、有意或无意地接受着家长、特别是父母的教育和影响。

4）具有日常生活随机性和特殊情境的震撼性

家庭教育没有固定的大纲和教材。教育的内容与方法主要由家长确定，遇物而海，相机而教。在家庭环境中，父母与子女、兄弟与姐妹又有着广泛接触的机会，在共同生活的过程中，父母谆谆的期望和嘱咐，实际行动的榜样示范和自然的感情流露，主要是通过日常生活，潜移默化地影响子女。我国著名的文学家老舍曾深情地说："从私塾到小学、到中学，我经历过起码有百位教师吧！其中有给我很大影响的，也有毫无影响的。但是，我的真正的教师，把性格传给我的，是我的母亲。母亲并不识字，她给我的是生命的教育。"郭沫若也曾说过："在我未上学前，母亲就教过我好些唐宋诗人的佳句，朗朗上口，有的至今还记得。我后来走入文艺生活，这层家庭教育我认为是极其重要的因素。"同时，某些天灾人祸、生离死别的场面，父母第一次争吵打架、闹离婚或者遭受到父母、长辈的不公正惩罚与同胞的侮辱伤害等那种愤慨、委屈和痛苦情绪也会刻骨铭心地印刻在孩子长期的记忆中，终生难忘。

5）具有地域的广泛性和组织的普遍性

家庭是社会的细胞。每个人都有自己的家庭，即使是孤儿或弃儿也是由合法或不合法的家庭所诞生。单身汉和流浪者也是由破裂的家庭诞生或游离出来，并渴望着再回到家庭中去。因而凡是有子女的家庭，毫无例外都是教育下一代的课堂，有多少个家长，就有多少个教育者。家庭教育、学校教育、社会教育都应按照党和国家的教育方针，培养有理想、有道德、有文化、有纪律的一代新人。如果把全国所有的家长都动员起来，人人都重视和改进家庭教育，就能形成一个群众性、普遍性的强大教育队伍，就能使下一代时时处处受到良好的教育熏陶，就能推进整个社会的精神文明建设和物质文明建设。

6）家庭教育具有显著的多样性和不平衡性

任何事物的发展过程都会存在矛盾差异和多种因素的干扰制约。家庭教育在其运行过程中不仅受国际局势、社会变迁、经济动荡、政策变化等宏观体系的影响，更重要的是受家长素质和家庭结构差别性的左右。差别性来自以下五个方面：

（1）家长素质

家长的健康素质、品德素质和文化素质各不相同。这几方面素质较高，孩子可能教育得较好，反之，则可能较差。

（2）家庭结构

家庭中代际关系的组合形式包括核心家庭、联合家庭、主干家庭、单亲家庭、隔代家庭、留守家庭等。不同的家庭结构各有缺憾，会对孩子有不同或不利的影响。

（3）父母教养方式

有研究认为，父母教养方式的图式涵盖两个重要行为维度，横轴为情感态度，从接纳到拒绝，可分若干等级；纵轴为管理方式，从允许到限制，也可分若干等级。两种维度的不同力度的组合，便产生了不同的父母教养行为类型。例如：接受又允许的民主型，接受又限制的干涉型，拒绝又允许的放任型，拒绝又限制的专制型。母亲往往是子女最重要的刺激源，是孩子感知、操作、思考、探究的影响者、促进者。母子交往的质量和频率是孩子智力、体能、情感和社会性发展的首要前提。有研究者专门考查了母子间的行为表现。研究表明，母亲给予爱抚的满足和肯定性评价与子女的服从有极其显著的正相关；母亲冷漠、斥责和强制性身体控制与子女的激烈对抗、不理睬、不服从有极其显著的正相关；母亲说理、讨论，采取婉转灵活的控制方式与子女的告知、辩解、讲原因、讲条件的行为有显著正相关；母亲缺乏说服力的说教、批评、训斥和惩罚与子女的顶嘴、任性、不服从或阳奉阴违、假装遗忘、变相反抗也存在正相关。

（4）父母期望和教育观念

父母的儿童观、教育观、成才观，父母对子女发展的满意度，对自身家长角色的"胜任感"等，都会影响孩子的成长。期望和观念比较合理的父母更有助于孩子的健康成长。

（5）家庭条件

家庭条件包括居住条件、学习环境、生活水平以及提供智力刺激的图书、玩具、模型、器材、各种文化用品等。一般来说，在经济条件相当的家庭中，家庭文化用品比生活用品对儿童发展的影响更直接、更有效。家长只要重视子女的发展，能满足子女的基本生活需要，坚持良好的亲子关系，经济物质条件对儿童的身体素质、学习成绩、品德面貌不存在直接影响。反之，在家长忽视教育，亲子关系疏远、对抗的家庭中，富裕的家庭经济条件或过分讲究吃、穿、用等物质享受可能会助长儿童自私、依赖、懒惰、骄横、残暴、不求上进的品性，变成损害儿童身心发展的消极不利因素。

家庭教育因素的复杂多样和不平衡性直接导致家庭质量的参差不齐。许多家长对家庭教育中存在的问题焦虑困惑，苦恼不堪，又束手无策。这些问题，不但影响到学校教育和社会教育的成效，还关系到社会的安定和繁荣。为此家长在教育孩子时应当遵循一定的要求。

2 家庭教育应遵守的基本要求

任何事物的运行都有其规律性，家庭教育也是如此。家长们若能从实际出发，把握并按照这些规律性的要求办事，就能取得较好的教育效果。

1）把教育子女的责任感、义务感与无私奉献的亲子之爱相结合

每个家长应认识到教育子女是自己对国家、对社会应尽的义务，是一种法定的社会责任。我国宪法明文规定："父母有抚养、教育未成年子女的义务。"子女不是父母的私有财产，而是社会主义祖国未来的建设者和保卫者。家长不仅应当关心照料孩子的衣食住行，更重要的是要从未来社会的需要出发去教养抚育孩子，使他们成为能迎接时代挑战的体格健壮、品德良好、智力发达的有用之才。家庭教育的成败不仅关系到家长个人的幸福和家庭的繁荣，还会影响社会的安定团结和国家的强盛。父母有了教育子女的责任心和义务感，加上朝夕相处中萌发的亲子之爱，才能在生活中不怕难、不嫌烦，不为个人情绪所左右，理智而合理地安排教育时间和教育内容，客观地评价自己的教育行为，不断充实自己的教育知识、经验、能力，加强自己的道德和文化修养，严格要求自己做称职的家长。这是搞好家庭教育的动力和源泉。家庭教育需要学习掌握基本的教育理论、教育原则和方法，了解不同年龄阶段儿童的发展规律，特别是了解自己子女的思想动态、个性特征、兴趣爱好和智能倾向，发现其优势和缺陷，及时给予启迪鼓励。

2）言传与身教相结合

亲子交往是沟通思想、表达情感、丰富生活乐趣的主要渠道。家长要从婴儿期就开始培养亲子对话的习惯，要善于运用亲切的动作、幽默的语言开启子女的心扉；运用儿歌、故事、谜语和阅读优秀文学作品等来鼓励和指引子女的行为；认真观察子女在学习、劳动、交友和待人接物各方面的行为表现；倾听子女的心里话，了解他们的需要和困惑；在日常生活中尽量挤出时间和孩子谈心和游戏，分享他们成功的喜悦，支持他们遇到挫折后的努力，缓和他们的悲伤，帮助他们解决困难。同时，父母应以身作则，做孩子的榜样，建立真正的威信。这是保证家庭教育成功的关键。有威信的父母受到

子女高度的尊敬、信赖、模仿和依恋，并且会心悦诚服地听从他们的劝说。父母自身的知识素养、道德品质、工作态度以及生活习惯等方面的模范行为是树立教育威信的基础。苏联教育家马卡连柯曾告诫家长说："不要以为只有你们同孩子谈话，或教导孩子、命令孩子的时候，才是在教育孩子。在你们生活的每一个瞬间，甚至当你们不在家的时候，都在教育着孩子。你们怎样穿衣服，怎样跟别人谈话，怎样议论其他的人，你们怎样表示欢欣和不快，怎样对待朋友和仇敌，怎样笑，怎样读报，所有这些对儿童都有很大的意义。"

言行不一的说理，根本不可能奏效。相反、有的父母虽没有长篇大论的训诫，却用自己勤奋学习、公正诚实、信守诺言的实际行动，日积月累地感染、熏陶着孩子。他们对孩子的明确要求，加上孩子自动的模仿，往往成为强有力的教育力量。对具体行为的体验感悟往往比枯燥的语言说教更有效。儿童最容易接受生动形象的榜样的影响，家长应自觉成为孩子的学习楷模。

3）要把关爱理解与严格要求相结合

家长要学会合理的表达自己的感情，正确掌握爱和严的分寸。这是家庭教育的一种艺术。爱自己的孩子，这是做父母的天然本能，也是人类社会特有的高尚的感情。但是，真正的爱应当与无原则的迁就、娇惯、溺爱、纵容区分开。爱应当表现得有节制，有分寸，有理智。既要尊重孩子的人格，愿意倾听孩子的意见，满足孩子的正当需要；又要能抵制孩子不合理的要求。要耐心培养子女有礼貌、懂文明、遵守纪律、明辨是非的良好品德与行为习惯，绝不无原则的迁就和让步，不允许孩子用哭闹作为满足欲望的手段，不放任孩子错误的思想和行为。

人是社会的成员，思想、语言、态度、行为都要尊重全社会的集体利益，符合社会的共同规范。从小通过严格要求，培养孩子一定的行为习惯，既有利于长大适应社会的要求，也有利于子女身心健康的成长。但是，严格并不是总板着面孔，动辄训斥、打骂、处罚，使孩子望而生畏，回避疏远，而是坚持原则，循循善诱，明辨是非，有赏有罚，口服心也服。要允许孩子在一定行为范围内，有辩解、选择和决定的权利，鼓励孩子提出自己的想法与主张。父母向孩子提出的任务，应该是他们经过努力能够完成的。提出的要求，注意要有交代，有检查，有评价。这样可使儿童看到自己学习和劳动所取得的成绩和继续努力的方向，鼓舞他们积极上进的勇气和信心。家庭各个成员对孩子的教育态度一致，教育要求保持一贯，这对儿童终生都会有良好的作用。

4）要把全面发展的教育任务与因地制宜、因材施教的原则结合起来

家长应全面关心子女体、智、德、美诸方面的协调发展。近年来，早期教育越来越受到社会和家长的重视，但是也存在不少误解，如有的家长认为早期教育就是文化知识或艺术特长教育；有的认为儿童需要及早开始学习知识技能，以便在起跑线上胜人一筹；还有家长把早期教育看作是与己无关的事，只要委托给托儿所、幼儿园的老师就行。事实上，儿童从呱呱坠地起就是他们与周围环境接触交流的开始，也是早期教育的起点。家长应认识到体、智、德、美四育之间是有内在联系的，它们相互依存又相互制约、相互促进。健康的身体、旺盛的精力是一切活动的前提，是承载德、智、美育的基础：智慧、品德和审美素质是生命发展的源泉和动力智育助人认识和探索世界，改善环境；德育助人适应社会和愉快地与他人合作、分享；美育是丰富生命活动的精神营养。在家庭教育中实践了全面发展教育，也就保障了儿童身心健康的成长，反之，若任意偏废和脱离一个方面的发展，就会造成孩子发展的缺憾。

从政府的教育方针来看，学校教育与社会教育必需有家庭教育的支持、配合和共同贯彻。家庭教育在内容和要求上应当力求与幼儿园和社会保持一致，又各有侧重。在方法上，家庭教育更多地贯穿在日常生活和人际交往之中，以非正式教育为主，更强调随机性和针对性。父母要灵活掌握教育时机，运用多样化的教育方法和潜移默化的熏陶促进儿童良好的发展。家庭教育有如下几个任务：

（1）关心孩子的身体健康，合理安排他们的生活，注意增强他们的体质

①建立一日生活的秩序，使孩子按时起床、就餐和睡觉，注意动静交替，保证充足的睡眠，形成良好的生活习惯。

②重视营养和饮食卫生，培养孩子饭前洗手、独立进餐，不挑食偏食，不边吃边玩的习惯。

③养成孩子体育活动的兴趣和坚持锻炼的习惯。多在户外开展运动性游戏和球类活动，经常外出散步、游泳、爬山和参加园地的劳动。

④培养孩子生活自理能力，要求学会独立穿衣叠被、盥洗、准备餐具、整理玩具、图书，有良好的卫生习惯，能主动保持周围环境的整洁，会打扫房间等。

⑤尽可能为儿童创造安静整洁的学习、游戏环境，提供单独的床铺，固定存放孩子玩具、图书、衣物的箱柜。年龄较大的孩子还要提供适宜的灯光、合乎身高的桌椅，以便于孩子保持正确的绘画、写字、看书的姿势。

（2）启迪孩子的求知兴趣，促进其智力发展

①启发孩子独立思考，满足孩子的求知欲。孩子一般好奇、好动，喜欢模仿，对客观世界处处感到新鲜有趣。家长要按照儿童的认识规律，发现孩子特别感兴趣的事物和偶然事件中有教育价值的内容，引导他们多感知、多实验、多探索、多尝试、多使用工具操作，如测量长度、比轻重、测容积、找光影，寓学习于游戏之中，寓教育于快乐之中。家长要耐心对待孩子提出的各种问题，利用节假日带领孩子到自然界或公共教育设施去，把高山、河流、树林、田野以及火车站、博物馆、展览会、动物园等作为活教材，在捉昆虫、采标本、捡落叶、辨方向、讲故事等各种轻松愉快的活动中，扩展孩子的视野，使他们学会观察、分析、思索，发现问题和寻求答案。成人的指导要与儿童学习动机紧密结合，才能有利于孩子智慧的发展。

②培养孩子正确、完整、连贯的语言能力。要经常和孩子一起讲故事、猜谜语、编儿歌；在日常生活中要求孩子口齿清楚、有条理地讲述经历的事情；防止强迫孩子学习，以免引起厌烦畏难情绪；随时了解子女的学习情况，配合幼儿园，引导孩子的学习。

当有的孩子偶然提出识字的要求时，家长可以随机进行个别教学，但不要追求数量，避免照搬小学教材教给孩子。要提供质量较好的图书，帮助儿童从独立阅读和讲述图书中感到欢乐，鼓舞其上进。

③发展孩子多方面的兴趣爱好，培养他们的特长。兴趣是学习的动力，有的孩子有明确的兴趣倾向，更能发挥其主动性积极性，学习也更有成效。有的孩子兴趣不稳定，家长也不必灰心和指责，要循循善诱，鼓励儿童大胆选择自己喜欢的活动，满足他们正当的活动愿望。在早期学习中最重要的不是积累知识、技能，而是激发求知欲望，克服学习无恒心、不专注、害怕困难和懒惰、依赖等行为。要及早养成孩子良好的学习习惯，不要采取威胁、打骂、压制和过多的物质刺激的方法来干预孩子学习。

智力发展好的孩子有以下特点：①好奇心强，对周围环境有广泛的兴趣，善于观察，常常提出问题，要求成人解答；②记忆力强，对学过的故事、歌曲或动作能牢记不忘；③能集中注意，在5岁时，集中注意15～25分钟不感到困难；④能运用恰当的词语，清晰连贯地讲述事情，能与别人友好交往和表达自己的思想、意见、情感等；⑤思维活跃，能运用多种方法，进行比较、分类、推理，找出事物的异同、特点和相互关系，能独立分析和解决实际生活中常遇到的问题；⑥有与年龄相当的动手能力，如剪贴、用笔、串珠、缝纽扣、搭积木、做模型，利用废旧材料自制毽子、风车、灯笼等。家长在生活中可以注意观察了解，如果孩子有以上一些表现，可以进一步加以促进，如果很少有上述表现，就要反思自己的教育方式是否有问题，并做适当的纠正。

（3）培养孩子优秀的品德和初步判别是非的能力

培养孩子良好的行为习惯。行为习惯涉及生活的各个方面，它体现一个人对事、对人的态度，也

反映出个人的思想素养，主要包括以下几方面：

①懂文明、讲礼貌。家长要从培养同情心入手，经常要求孩子正确的使用礼貌用语，举止文明、热情待人关心同伴、尊敬长辈不骂粗话，不在成人交谈时吵闹、插嘴，不干扰别人的工作和休息。两三岁的儿童往往受自我中心思想的支配，只知道"我要""我想"，不会从别人的角度来思考问题。家长要引导孩子观察别人的表情与需要，懂得别人有着与自己不同的思想、感受和愿望，要学会换位思维，兼顾别人，必要时，还要克制和牺牲自己的权利、愿望来换得共同的欢乐。5岁左右的儿童尤其要学会看别人的优点和特长，要引导孩子愿意与他人分享玩具、食物，关怀邻里、亲友，帮助遇到困难的小同伴，为了大家的利益而自觉遵守集体规则和公共场所的秩序。

②爱劳动，爱惜劳动的成果。随着孩子年龄增长，应要求孩子分担力所能及的家务事。通过多种劳动，可以培养孩子的动手操作的能力、责任感、不怕困难的精神并乐意为他人服务。忽视这方面的培养，会造成儿童只知道自己享受和满足，不愿为他人付出劳动，甚至欺侮同伴，虐待小动物，对长辈粗鲁无礼。

③诚实正直，不说谎。诚实的品质必须从小事上抓起。孩子偶尔未经同意拿了别人的东西，为了避免惩罚，做错了事不讲真话等，父母决不能认为长大自然会变好，而要认真对待，及时教育，防止这种小事成为滋长其他不道德行为的突破口。父母要为孩子讲述诚实正直的人物榜样，赞扬报刊、电视上诚信的真人真事，勉励孩子不论犯了什么错误都要勇于承认，努力改正。发现孩子说谎，更要认真分析原因，并进一步反省家庭中成人表现的不诚信言行。

（4）培养孩子良好的个性品质

良好的个性品质表现为活泼开朗、自尊、自信、勇敢、坚强、不怕困难等，父母应有意识地进行培养。

①愉快的情绪和活泼开朗的性格。愉快的情绪和活泼开朗的性格是心理健康的重要标志。身体健康的孩子总是情绪愉快、精力旺盛、活泼爱动的。家长若发现孩子过分胆怯、孤僻、自私、妒嫉、骄傲、固执、粗暴时，应当认真去了解原因，倾听孩子的心声，有的放矢地进行教育。家长应了解孩子的苦恼与困惑，分析他们精神压抑的起因，使孩子真正感到父母是亲切而可信任的长者，学会用适当的方式发泄愤怒、恐惧和苦恼，克服不健康的情绪困扰，恢复安定、快乐的心情。

②自尊和自信。不少家庭中责骂、体罚孩子的现象时有发生。特别是当孩子犯错误、有过失，或不听话时，有些家长不能正确说理、耐心引导，而是用粗暴、侮辱的话语如笨蛋、傻瓜等来斥责孩子，损伤孩子的自尊和自信，使孩子不敢相信自己的力量，贬低自己的价值。对孩子实施体罚，不但摧残其肉体，也摧残精神，会造成儿童心灵冷淡、麻木，引起仇恨与反抗，滋长委屈、焦虑、痛苦的情感。生活中要培养儿童的自信心、自尊心，家长只有晓之以理、动之以情，让儿童真正认识自己的错误。除了正确对待儿童的过失，耐心引导孩子克服缺点，更要正确认识孩子的实际发展水平，积极评价和支持他们的点滴进步，避免当众揭短、挖苦、攀比或期望过高、指责过多等错误做法。家长要宽容和理解孩子，关心他们的精神需要，认识到每个孩子有他自己的发展历程和不同的资质，多鼓励、少批评，多表扬、少打击。凡是自信心、自尊心较强的儿童大都活泼开朗，能够在困难面前坚持不懈地努力，能够充分发挥其智慧潜能，而自信心、自尊心较弱的儿童认为自己什么都不行，成就愿望较低，学习消极被动，实际能完成的任务也会半途而废。

③坚强意志和勇敢精神。坚强的意志和勇敢的精神是在困难和矛盾中磨炼出来的。孩子的知识经验少，容易表现出对巨大的声响、黑暗的角落、生疏的环境，以及打雷闪电、登高下水等情境的恐惧。家长要鼓励孩子自己想办法，克服困难。对孩子特别害怕的东西，则针对原因，运用讲故事、看实物、观察情景、说明科学道理等方法，解除不必要的恐惧，严禁吓唬儿童，增加紧张、焦虑情绪。使儿童控制自己不合理的情感与行为是培养意志力的表现。有的家长对孩子过于溺爱、娇纵、无原则地迁就。使儿童为所欲为，稍不顺心就摔东西、大哭大闹；有的家庭父母的要求不一致，使孩子有机

可乘，滋长了任性爱发脾气的不良性格。一般来说，家长对孩子提出的要求要恰当，如要求孩子变换活动时最好事先提醒，使他们做好心理准备；出门购物前，协商好购买的物品；访问亲友前，先说明做客的注意事项家长要求明确并严格执行，使孩子明白哭闹、要挟都是无用的。遇到孩子激动、任性时，不要急于处理，等平静以后再个别谈话，进行教育，也可教给孩子一些控制自己情感冲动的办法。

（5）培养孩子初步的分辨是非的判断能力

在日常生活和图书、电视中，孩子总会看到好坏两种不同的行为。家长要引导他们比较评议，生动形象地加以剖析、讨论，让孩子逐步学会联系实例，自己辨别是非。对年龄较小的孩子，要多用生动形象的对比，使孩子明白应该怎样做和为什么要这样做，知道怎样做才是好孩子。随着年龄的增长，更多地结合社会实例，表扬好的行为，批评不良行为并分析其危害，增强孩子鲜明的爱憎情感和道德认识，在实践良好行为时会感到舒畅愉快。

（6）启迪孩子的审美意识和表现美的事物的兴趣和能力

美育的途径极其广泛，不同家长可以根据自己的经济条件、兴趣爱好特长及孩子的能力，开展各种审美活动，使孩子逐步学会欣赏生活美、心灵美、自然美、社会美，并发展创造美的能力。

①创设美观、整洁的生活环境。家庭环境应当清洁整齐、美观、有序，摆放物品有固定的位置，家务有合理的分工，有条件的家庭可种植花草绿化园地，美化环境以建设美的心灵。孩子的衣饰打扮也反映一定的审美观。孩子服装应以美观大方、实用合体为原则，色彩和谐、质地柔软，要显示出健康、活泼的特点，要方便孩子穿脱，有利于游戏或运动。奇装异服、烫发、涂脂抹粉和佩戴不必要的装饰品等，不但损伤孩子的肌肤，束缚孩子的活动，还会滋长虚荣与攀比心理，不利于孩子身心的健康成长。孩子的衣着应与周围孩子的衣着水平相似。

②让孩子在丰富有趣的艺术活动中享受美。家长应合理安排时间，让孩子参加一些有益的审美活动，一起看动画片、看画展、听音乐、念诗歌、唱歌、跳舞、学习美术及书法或外出游览等。要引导孩子在周围环境中寻找美的事物，提供适当的美术制作材料，在家中欣赏、制作美的作品。选择的内容要趣味化、儿童化，适合孩子的能力，时机要适当，使孩子感到快乐，而不是压力和负担。

③让孩子在周围世界中发现美、感受美。鼓励孩子观察许多美的物品，如包装纸上精美的图案，年历上的山水、花草、树木和可爱的小动物，欣赏春游的照片，为节日装饰的街道或红旗飞舞的广场，让孩子说一说美在哪儿，为什么喜欢它，怎样描述才能让其他人也发现到美？从而提高孩子对美的感受、欣赏、评价能力。

④尊重与支持孩子的艺术兴趣，发展孩子的天赋素质。绝大多数的孩子喜欢参加各种各样的艺术活动，如捏泥、涂色、绘画、剪纸、敲击乐器、歌舞、演剧等。有条件的家庭应当鼓励孩子从事兴趣活动，提高其艺术兴趣和技能，陶冶其审美修养。对于有特殊艺术天赋的孩子，要根据家庭的条件支持其特殊爱好，甚至为孩子寻找专业指导，循序渐进地发展其才能。家长们既要防止盲目攀比，热衷于早期定向培养或机械练习使孩子产生厌学心理，也不能压制孩子对艺术的追求，使愿学、爱学的孩子能参与他们感兴趣的活动，保护和发展孩子天赋的艺术潜能。艺术爱好可以激活想象力和智慧，使孩子终生受益。

（7）重视生活秩序

生活有规律，父母经常读书看报，关心国家大事，子女就会视野开阔，谈吐文明。父母治家有方，常和孩子亲切交谈，抽出时间和孩子一起读书、游戏，子女就敢于表达意见，乐于动脑动手。反之，家庭环境杂乱无章，家长好吃懒做，好逸恶劳，对待孩子粗暴、蛮横，孩子就会适应脏、乱、差的生活环境，养成懒惰、自私、骄横做事不专心懒散的习性。

（8）建立勤俭节约、分享、协商和赏罚分明的家规

家庭应不定期开会，明确家务分工，订立规则和讨论经济开支、购物计划、全家文化、娱乐活动等。在会议中可以开展自我批评和相互评议、表扬良好行为、批评错误行为，使孩子逐步明确应当仿效什么、拒绝什么，牢记家长教导，使家规家风内化为孩子自觉的内心标准，促进其健康成长。

课题三 ▶ 幼儿园的家长工作

每个家庭都有自己的生活特点，每个孩子又有不同的禀赋、性格和才能。在幼儿教育中，既要贯彻教育的一般原则，又要从实际出发，因人而异。幼儿园与家长都要加强责任感，共同研究幼儿的教育问题，关心他们的健康成长。促进儿童的全面发展是幼儿园和家庭的共同责任。因此，幼儿园和家庭对儿童的教育必须采取相互支持、协调一致的行动，提出共同的要求。

1 幼儿园家长工作的任务

1）宣传国家的教育方针和本国、本班的教育任务

教师要积极、热情、主动地向家长宣传国家的教育方针和本园、本班的教育任务，明确家庭教育的重要性及父母的职责，介绍一些学前教育学、心理学、卫生学的科学知识和经验，定期汇报孩子在幼儿园的情况，以便家长在家庭教育工作中能与幼儿园配合一致。

2）了解孩子的特点和在家的表现

幼儿园教师应通过家长了解孩子的个性特点及其在家庭中的行为表现、生活习惯，家庭成员对孩子的期望、教育态度、奖惩方法及孩子的发展水平等，以便从实际出发，有针对性地按照各个孩子的特点来进行教育。

3）在幼儿园的教育中发挥家长的作用

广大家长是办好幼儿园的主要依靠力量，幼儿园要动员与发挥家长们的智慧才能，鼓励他们为办好幼儿园献策出力。园长应组织家长参加幼儿园的管理，定期与家长交流工作中的成绩与问题，征求改进工作的建议，研究下一阶段的工作打算。同时，也可请求家长帮助解决一些设备、技术上的困难，配合幼儿园的美化、绿化工作，改善幼儿园的环境设备，协助训练人员，完善各项制度等。幼儿园可以把左邻右舍包括家长所在的工厂、机关、部队等单位都吸引过来，相互联系，共建幼儿园，打开通向社会的渠道，改善办园条件。

2 幼儿园家长工作的原则

1）尊重家长的原则

尊重家长是做好家长工作的前提。一般来说家长大都有一定的文化修养、工作经验或特长。他们通过电脑网络、书刊、电视、广播等或多或少了解一些教育科学知识。他们对子女的教育很重视，对学前教育的内容、方法，有自己的见解，对教师的态度比较敏感。因此，教师要把家长看成是战友，相互信任、真诚合作，对他们的子女尽责尽力、亲切关怀，特别是对不同社会地位、不同职业、不同经济条件的家长要一视同仁，同样地尊重。

2）区别对待的原则

教师针对不同类型的家长需要，灵活地组织各种活动。例如：家长中有重视教育、方法得当的；有重视教育而方法不当的；有只顾吃穿，放任不教的。幼儿园应分别进行家长工作，帮助有经验的家长总结教育经验，加以推广。对家长中普遍存在的问题可以通过办家长学校和教育讲座，开辟宣传栏等，使家长改善教育方法；邀请不重视教育的家长来园听课，观察节日活动，看儿童作品，了解孩子的进步情况，引起他们的重视与配合。教师应定期向本班家长介绍儿童的年龄特点和教育纲要，开展班级活动。要明确不同年龄班级家长工作的重点是有区别的，比如，在小班要着重于培养良好的个人卫生习惯和独立生活能力，加强感官教育和适应集体生活的训练，学会使用玩具、图书的方法，学会与同伴交往，增进同情心和友好行为等；中班要着重培养儿童对学习和劳动的积极态度和习惯，学会共同游戏和解决同伴矛盾的办法，扩大儿童的视野，发展连贯性语言，加强纪律性与体育锻炼等。

3）要求适度的原则

幼儿园所处的地区不同，家长的文化教养、职业状况、精神面貌、生活方式也各有差异。幼儿园在帮助部分家长更好地履行父母的职责与集体教育保持一致时，要从实际出发，防止急躁心理，避免要求过高，要从增进家庭幸福为出发点，而不是单纯去向家长"告状"或片面责怪孩子，要反思幼儿园应负的责任，并与家长共同研究改进教育对策。对家长提出的要求应当切合实际，是家长的能力和物力所能达到的，不能苛求。同时，要体谅家长的困难，在解除后顾之忧方面尽力给予照顾帮助，以加深彼此之间的友情。

4）双向反馈的原则

幼儿园在开展家长工作时，既要向家长传递科学育儿的信息，也要努力收集家长的建议或意见，对家长反馈的信息，无论是积极的或消极的，都要认真分析处理，以利于幼儿园教育与家庭教育的相互促进，共同保证儿童的身心健康发展。

3 幼儿园家长工作的方式方法

幼儿园负责人每学期应当制订出家长工作计划，明确分工与责任，通过计划的执行、检查与修正，推动家长工作的开展。三个班以上的幼儿园还可以成立家长委员会（或称家长代表会）。家长委员（或家长代表）是园长和教师的亲密助手，可协助园长加强与广大家长的联系，保证家长工作的顺利进行。家长委员会由各班家长推选或由全体家长大会选举产生。

1）家庭访问

家庭访问或称家访，是家长工作的一个重要方式，目的在于深入了解儿童家庭环境的真实情况，家长对儿童教育的认识、态度和方法，家庭各成员对儿童身心发展的影响，结合个别儿童的具体表现，与家长共同商讨教育措施，以及介绍儿童在园的表现与存在问题，争取家长的密切合作。家访体现着教师对儿童的亲切关怀，对家长的尊重与理解，对顺利完成各年龄班教育任务的强烈责任感。每次家访应明确目的、要求，防止告状式、谴责式、游览式的家访。家访常在下列情况下进行：

（1）对新入园或插班转学儿童的家访

如果儿童在入园前先认识教师并建立初步的感情，留下良好的印象，儿童入园后就比较容易亲近教师，愿意离开家人适应幼儿园生活。教师还要调查新入园儿童在家中的生活习惯、兴趣取向和能力水平，以便有计划、有步骤地引导儿童适应集体生活。如果教师不能对每个孩子都进行家访，可根据儿童体检表和家长登记材料，重点选择体力较弱、从未离开过家庭或家庭结构特殊的儿童家庭先访问，其余儿童则在入园后一个月内尽快家访完毕。

（2）儿童在园出现特殊问题时的家访

当在园儿童偶然生病、发生意外事故或发现儿童有严重行为问题时，必须立即进行专题的家访。教师应向家长详细介绍事情的经过，以亲切负责的态度，安定家长的情绪，讨论和寻求解决问题的办法。向家长谈及儿童的过失或缺点时，也要肯定儿童的优点，并共同研究采取有针对性的教育方案。

（3）儿童有显著进步时的家访

在家庭教育有改进，儿童有显著进步时需要通过家访帮助家长总结经验，加以推广。

（4）儿童家庭发生变故或儿童长期缺席时的家访

当儿童家庭发生了重大变故，需要给予安慰和协助，或儿童长期缺席，需要家访以了解原因。

（5）家长教育孩子有问题时的家访

家长忽视子女教育，方法不当或教养态度有严重问题时，需要给予帮助，促使其改进，也要适时地进行家访。每次家访事先应有简略的计划，选择适当的时间。家访中有时可让儿童在场参加谈话，表示关切，同时观察儿童在家的表现和家长对儿童的态度有时可让儿童自行活动，以便和家长认真谈论儿童的优缺点，研究分析改进教育的途径和交流情况等。

教师对家长谈话应作简要的记录，若当面记录会影响家长谈话效果，可待回园后再追记。经常性的家访记录可作为教育工作的参考，有利于提高教育工作的质量。

2）利用家庭联系本或电话、电子邮件、短信等来交流

教师有时采用通信方式与不易见面的家长进行联系，向他们报告儿童的情况，征求他们的意见，这就是家庭联系本和电话、电子邮件交流的特殊作用。寄宿制幼儿园尤其常用这种及时、简便又经济的方式。每个儿童都有家庭联系本，但填写的内容、次数则因人因事而异。通过多种联系方式，教师可以介绍最近两周的教育内容与教材、儿童动态，询问进行教育后儿童的反映与收获，提出要求家长配合的事宜，调查儿童在家庭中某些方面的行为反应。家长也可通过这种联系方式向教师了解儿童在园的学习情况和行为表现。通信联系不应成为威胁、控制儿童的工具，而应作为支持儿童进步的手段。有的幼儿园还通过印发家庭教育指导资料，推荐玩具、书刊、服装式样等方式来推动家教。有的幼儿园则采用书面交流或便条等方式，告知家长园内最近发生的事情。

3）接待家长咨询与个别谈话

面对面的咨询是近年来群众创造的一种有效的指导家庭教育的方法。有的幼儿园规定时间，由家长自愿参加，提出实践中遇到的疑难问题，由专业工作人员给予解答。有的幼儿园园长每周预约接待家长，或通过家长信箱答疑，帮助家长分析教育难题，解答教师与儿童互动中有代表性的问题等。对某些有特殊行为表现的儿童，园长在本班教师参加下进行个案研究，经过详尽调查，交流意见和讨论问题，进一步协调并改进家庭与幼儿园双方的教育内容和方法，拟订个别教育的专门计划。

4）家长开放日

幼儿园定期邀请家长来园观摩和参加活动，可增进家长对幼儿园教育工作的感性认识。家长在观察集体教育活动时，可对比同一年龄其他儿童的行为和能力，从不同侧面认识自己的孩子，能更客观地分析和改进家庭教育。开放日前必须向家长公布活动的时间、内容，明确要求家长在班上不宜直接干涉孩子的行动，不宜来往走动和说话以免影响教师工作或干扰孩子的情绪。活动过后要注意收集家长反应，不断改进工作。在家长开放日也可结合举行班体育运动会、生活自理能力比赛、游艺和分班联欢活动等，使家长进一步认识教育的科学性、趣味性、复杂性，学习多样化的教育方法，增强教育的责任感，体验到教师工作的辛勤、艰巨，对教师更尊重，对孩子更耐心。

5）报告会

报告会是不定期的活动，各园可根据自身条件选择不同的形式。家长在儿童保健和教育方面常会遇到许多困难，幼儿园应有计划地就家长所关心的问题和家庭教育中易犯的错误，系统讲授科学知识，进行必要的辅导。对待普遍性的重要问题由园长组织全园报告会；对特定年龄班的问题由有经验的教师负责专题讲学；对专业性强的问题则聘请医生或有特长的专家来园讲课；有些问题也可请小学教师或其他专业人员进行专题报告。家长学校和科学育儿报告会的内容、要求应事先订出计划，征求家长意见。讲座应当语言生动、深入浅出，能吸引广大家长参加。时间一般在一小时左右，会后还可

做情境演示或讨论。

这类会议人数不宜多，最好20人左右，可按问题类型分别召开。如爷爷、奶奶会，由几位有经验的老年家长现身说法，谈教育孙儿、孙女的经验，可联合发出"五不"倡议，即成人做到不溺爱、不护短、不包办、不恐吓、不打骂；教育孙辈做到不挑衣挑食、不撒谎、不自私独占、不浪费水电和乱扔垃圾、不懒惰。良好的家长经验交流会，通常时间短、效果好，能充分发挥家长自我教育的作用。

6）班级家长会和全国家长会

班级家长会是家长增强自主参与意识和教师做好家长工作的一种经常而有效的方式。家长可以按居住分布情况自愿成立小组，各组在开学初订立学期活动计划，确定研究主题或亲子活动等。各班教师对儿童情况比较了解，能很自然地把家长要求贯穿到各项活动之中，加深家园之间的友好关系。

7）建立和健全家长工作制度

可建立以下一些制度，如家庭访问制度、家长日制度、家长会议制度等。家长工作的各项活动做到专人负责，定时检查，有统一的布置、汇报评比和总结，把家长工作置于与教育、教学工作同等重要的位置。

8）为家长提供参与幼儿园教育活动的机会

为家长提供广泛参与幼儿园教育活动的机会可以使家长在幼儿园管理工作、教学活动、信息提供等方面成为真正的合作者。幼儿园要创造性地采取多种多样、生动活泼的方式与家长密切联系。例如：有时组织家长看有教育意义的动画片、电影、展览或教育书籍；有时邀请家长参加亲子运动会、游园会、毕业生告别会、节日活动等；有时通过儿童情境表演、优秀作品展示等，向家长汇报儿童的学习情况；设立信箱积极听取家长意见，改进工作。家园双方应通过互动相互沟通共同提高，因地制宜地不断创新，不断总结，不断前进，把家长工作做得更好。

课题四 ▶ **社区与社区学前教育**

1 社区与社区学前教育的特点

目前城市社区的范围，一般是指经过社区体制改革后做了规模调整的居民委员会辖区。农村社区的范围一般沿袭村民委员会辖区。也就是说，社区是区域性社会，是在一定的地域内的人群从事经济、政治、科学、文化活动，并由此构成一定的生产关系与社会关系的小社会。社区的构成主要有五个要素：①人口；②地域；③制度——保证人际关系协调的各种社会规范、行为准则规章制度；④关系——在同一社区内人群之间存在多种关系，如亲属关系邻居关系、师生关系、职业关系等；⑤机构——社区内应设有负责执行各项规章制度、协调人际关系、把握人口流动变化和开展各种政治、经济、文娱、教育活动的机构。

近年来，由于社区在保障城乡人口最低生活待遇，医疗、民政和教育资助方面，在居民就业、治安、计划生育、文化娱乐等活动中的作用日益彰显，已成为政府联系广大基层人民的重要平台，其中社区学前教育是当地社会经济、文化、教育事业发展的产物，其特点如下：

1）地域性

在城市以街道或居委会为基地，在农村以乡或村为基地，在地区政府组织支持下，发展街道办、村办、校办学前教育机构，解决当地群众送子女入园入校的迫切需求。

2）实用性

教育设备和内容因地制宜，就地取材，如河北省在中央教科所支持下创建了符合乡土特点的课程和教育纲要，充分利用农村现实环境、本地民间文化资源和丰富的自然环境，进行多样化的教学活动，取得了良好的效果。

3）综合性

社会性的学前教育事业一般由当地党组织和政府牵头，由妇联和教育部门（或当地学校）具体负责组织教学辅导、师资培训，其他部门包括卫生保健、计划生育和司法民政部门等则是分工配合，给予帮助，当地企事业和群众代表则积极出资出力，从而在全社区形成"爱护儿童、教育儿童，为儿童做表率，为儿童办实事"的共识，成立"综合管理，多方参与、定期碰头协同行动"的监督执行机构。

4）双向性

学前教育机构要适应社区建设的需要和变化，经常听取家长与当地群众代表的意见，加强为社区服务的意识，并努力配合社区，协办文娱、体育活动和向全社区群众进行科学育儿知识宣传。而社区管理人员要从人力、物力、制度等各方面尽力督导与支持民办和私人办的学前教育机构，提高其质量，努力推进整个社区的学前教育事业的发展。

2 社区学前教育的发展路径

1）以正规化幼儿园为重点和示范

教育行政部门以正规化幼儿园为重点和示范，要求园方在提高自身教育质量的同时，承担对邻近的新办园或非正规园、班的保教业务指导工作，以点带面，推动学前教育事业的发展。如河北省青县等地以办好乡中心幼儿园为骨干，由中心幼儿园园长兼任乡幼教辅导员，依靠各村村民委员会，群策群力，发展村托儿站、小学附设学前班等，使3～6岁幼儿园入园率上升，为社区学前教育的发展奠定了坚实的基础。

2）调动社会力量办教育

在经济发达地区，基层政府组织有志于教育的力量，如学校、科研机构，公共的文化、教育设施和重点企事业单位等，成立社区教育委员会，根据群众需要，统筹规划本地区的教育设施布局，聘请离退休老教师、老干部担任专、兼职辅导员，推动各类教育事业的发展，如上海市长宁区新华街道的社区教育委员会。

3）组织专家学者进社区做调查研究和培训

当代教育科研单位集中一定的科研基金，组织专家、学者深入社区举办实验点，探索社会性学前教育工作的规律。如中国儿童发展中心心理研究室方意英等人，用3年时间在北京市5个社区进行婴幼儿发展的现状调查和有针对性的干预措施，促进当地儿童的早期发展。他们一是保健干预，建立当地儿童的健康档案，进行生长发育监测，降低贫血、龋齿、佝偻病和上呼吸道发病率，减少低体重儿童出生率和提高满月增磅、母乳喂养率；二是教育干预，培训当地保健人员、幼教工作者和学前儿童家长，开展家教咨询，开办玩具图书室、亲子游乐园或多功能活动中心等。

4）因地制宜组织多种形式的学前教育活动

有些地区突破幼儿园、学前班的单一模式，因地制宜地建立幼儿园游戏组、家居儿童教育活动站、亲子活动中心、大带小游乐园等，定期举行非正规学前教育活动，使经济困难群众或居住分散、交通不便的牧区、山区的儿童也享受到集体教育活动的乐趣，扩大了学前儿童受教育的几率。

社区非正规化学前教育事业的开展体现了节俭、灵活、简便的原则，在一定程度上解决了我国地域辽阔、人口众多、教育事业发展不平衡的难题，满足了山区、牧区等交通不便地区广大群众要求享受学前教育的愿望，提高了整体的学前教育事业的发展水平。

当前我国社区学前教育尚属初创阶段，没有定型。随着各地群众经验的日积月累和创新，全国创建文明社区工作的深入开展，社区的学前教育事业必将有一个新的更大的发展。

3　学前教育机构参与社区工作

1996年，国家教育委员会颁布《幼儿园工作规程》。在《规程》中，增加了社区工作部分，如第五十一条："幼儿园应密切同社区的联系与合作宣传幼儿教育的知识，支持社区开展有益的文化教育活动，争取社区支持和参与幼儿园建设。"2001年教育部颁发的《幼儿园教育指导纲要（试行）》"总则"中，又再次强调幼儿园应与家庭、社区密切合作与小学相互衔接，综合利用各种教育资源，共同为幼儿的发展创造良好的条件。由此可见，一方面社区组织应充分发挥好学前教育机构的作用，尊重这个队伍的智慧与力量，另一方面幼教机构也应主动依靠社区，采取多种措施，发挥本身功能，为社区广大群众服务。

1）建立定期联系制

幼教机构定期向社区领导汇报托幼机构发展中的经验与问题，主动提出托幼机构参与社区精神文明建设的活动计划，如绿化美化环境，协助社区开展群众性的文体活动、宣传慰问活动等，争取社区领导的支持与合作。同时积极反映群众需要，如要求社区改善儿童公共活动的环境与条件，扩大运动场地和体育游戏器械，丰富美工活动室、阅览室，开展亲子共乐活动等。托幼机构要协同社区内家长，共同教育好本社区儿童，推进社区内已经建立的和谐关系，创建稳定、和谐、团结的环境氛围。另外，要教育本园儿童在社区内认真遵守集体规则，保持社区环境整洁，推动邻里间的相互尊重与合作，增强对社区的归属感，使家长与教师一起努力成为负责任的社区成员。

2）动员社区力量共同办好托幼事业

社区中蕴藏着丰富的人才宝库，如居民中的科技、医护人员、已退休的老教师、老劳模等，他们很爱孩子，乐意参加托幼机构的教育活动。动员社区内有关企事业单位在人力、物力上给予托幼机构一定的支持可以显示企事业对公益活动的热情，提高企事业职工的劳动积极性和凝聚力。

3）充分利用社区内的公共设施与教育资源，开展联合教育活动

许多学前教育机构与附近企事业单位建立了制度化的共同教育机制。如南京市鼓楼幼儿园一直与附近的市少年宫、鼓楼公园、紫金山天文台、鼓楼邮局、第三人民医院、鼓楼百货公司、市消防支队、武警部队、鼓楼小学等共同订立计划，定期开展多种教育活动。

4）因地制宜，发动专业力量，指导非正规托幼组织的活动

利用托幼机构的场所、设备和有经验的教师等辅导社区内的家庭活动站、亲子游戏小组，吸收散居的2~6岁儿童和家长双休日来园、所活动。

5）参与社区教育工作，开办多种社区活动

　　托幼机构可以社区家长学校为阵地，帮助家长学校举办讲座、专题讨论、印发资料、办宣传栏等，向社区群众或散居儿童家长宣传科学育儿知识，帮助他们举行表演会、运动会、为灾区献爱心晚会等。学前教育机构适当参与社区教育工作，既有利于建立良好的教育生态环境，融洽各方面的关系，赢得更多对托幼事业的理解、信任和支持的人，为社区精神文明建设做出贡献；又可以拓宽办园渠道，灵活利用社区内人才力量和教育设施，改善园所条件。在参与社区活动的过程中，也展示了托幼机构自身的力量和精神面貌，既锻炼了教职工的实践能力，也给孩子们提供了更多的表现才能的机会，使幼儿园保教人员更贴近社区，了解家长，联系群众，教育好儿童。

幼小衔接问题分析

如何适应小学对幼儿来说是个巨大的挑战。幼儿种种入学不适昭示了幼小衔接的必要性和迫切性。本章以幼儿的入学不适应状况为切入点，阐述了幼小衔接的含义和内容；接着针对社会上层出不穷的幼小衔接班，分析了目前幼小衔接的问题，并围绕科学的衔接观，分析了衔接的具体策略。

课题一　入学指导的意义及任务

幼小衔接即幼儿园教育与小学教育的衔接，是指帮助幼儿在已有经验和后续经验之间建立联系，或者超越已有的经验。幼小衔接的关键点是发展、持续、支持、过渡，保证儿童在进入小学之后能在生理和心理，知识和能力，以及学习习惯等方面得到平稳的过渡，升入小学一年级后在最短的时间内，以最快的速度适应小学的学习生活。

1 幼小衔接种种问题

1）儿童种种入学不适

我国每年有2 100万～2 500万幼儿进入小学学习，其中有80%的家长反映孩子在入学前未能做好入学准备，而大部分学生表现出任务意识和完成任务的能力差、规则意识和遵守规则的能力差；他们不能适应进入小学后突然闯入"符号世界"、掉进"规则海洋"，不能应付大量需要独立完成的课业和独立料理生活；同时人际交往能力也较弱，缺乏社会适应能力，表现出对小学教育教学的不适应。另有问卷调查显示，43%的一年级小学生对小学的回家作业量及其不适应；29%的学生对小学作息制度不适应；14%的学生对考试不适应。

入学不适是指幼儿入小学后面对陌生环境、陌生伙伴、陌生课程时所表现出的在生理和心理方面的异常。诸多证据表明一年级新生入学不适现象不仅客观存在，而且呈现出多样化的态势，涉及孩子的生理、心理、学习、生活等各个方面。

在社会性上，上课吃东西、老是啃手指做小动作、注意力难以集中等课堂违规行为多；不愿意和小朋友交流，回避老师，不愿说话；丢三落四，学具准备不充分，自理能力不足。

在身体上，感到疲劳、整天无精打采；早晨不肯起床，上学经常迟到；食欲不振，中午就餐困难，吃得少；睡眠不足、上课打瞌睡；体重下降、生活不能独立自理致使大小便失禁；经常性无端地嚷肚子疼等。

在心理上，孩子的压力大、哭闹，不肯上学、留恋幼儿园；只知道坐好、不说话，而不知道听课，也不知道为何还要做作业，作业完成困难（非智力原因）；作业少做或者经常性漏做；情绪低落、缺乏自信及学习兴趣。

2）幼小衔接的必要性及根源

实践证明，孩子不适应的问题往往并不会自动消失，若不能及时很好地解决的话，还会导致恶性循环，不仅影响到孩子一时的学习成绩，还会不断减弱孩子的自尊心、自信心，导致厌学、辍学等问题，甚至影响到孩子的性格转变以及身心长远的健康发展。因此合理、成功的幼小衔接不仅能促进儿童小学阶段教育的良好开展，更是适应儿童连续性发展需要的必然要求。因此，抓好幼小衔接是一项十分紧迫的任务。从20世纪90年代开始，幼小衔接问题便受到来自世界各地的关注与重视，并作为世界教育研究的重要课题之一。

幼小衔接的问题之所以重要，是因为孩子从幼儿园到小学，不仅是学习环境的转换，也包括教师、朋友、行为规范和角色期望等因素的变化。根据德国哈克教授的观点，处于幼儿园和小学衔接的儿童，通常存在着下列六个方面的断层问题：

（1）关系人的断层

孩子入学后，幼儿和教师的关系不再像幼儿园教师那么亲密无间，必须接受严格要求、学习期望高的小学教师，对孩子自主性的突然要求性使他们感到压力和负担。

（2）学习方式的断层

小学里正规的课堂学习方式与幼儿园的自由游戏、探索学习和发现学习方式有着较大的差异，孩子必须要有一定的时间来适应。

（3）行为规范的断层

幼儿进入小学之后行为规则受到更多的制约，不能再随心所欲想怎样就对老师提出要求，以往的感性将渐渐被理性和规则所控制。

（4）社会结构的断层

孩子入小学后需要结交新朋友，学会与人交流和沟通，在班集体中确立新的人际关系，重新寻找自己在团体中的位置。

（5）期望水平的断层

幼儿园里家长和老师的期望是孩子在各个方面的健全发展，入学后家长和教师给予孩子新的期望和压力，为了孩子学业而减少他们游戏和玩的时间。

（6）学习环境的断层

软环境由幼儿期的自由、活泼、自发的学习环境转换成分科学习、作业、受教师支配的学习环境；硬件环境由布置的多样化，多个学习活动室，转换成有固定的桌椅摆放的单一环境，在这种环境中，孩子容易陷入注意力难以集中状态，或因不适应而产生学习障碍。

2 幼小衔接的任务和内容

幼小衔接的任务就是要解决上述这些困扰孩子的问题，总的来讲，是要解决孩子的生理、心理以及能力上的不适应，培养幼儿的入学适应性。

（1）生理适应

生理适应是指幼儿在升入小学之前，必须具备的适应小学紧张而有序的学习生活的身体条件，如体力、自我约束力、手眼协调能力等。

首先，健康的身体是孩子适应小学生活并进行各种调节的基础，没有健康而又有弹性的身体状况，其他的适应性调节就无从谈起。据了解，在一年级上学期，有个别孩子总是出现一种很奇怪的现象，在家和在幼儿园时活蹦乱跳的，但是一进入小学就开始出现身体不适，感冒、发烧请病假回家，在家里一两天左右症状消失，但是一回到学校又开始生病。这种状况在初高中阶段，以及考试前会经常发生，其实这种状况都是孩子没有进行足够的体育锻炼，没有一个健康而适应调节的身体状况而出现的。医学研究发现，心理素质比较差的孩子，80%~90%都是身体素质差的孩子，这些孩子没有一个健康的身体来适应和调节心理压力以及环境的张合变换。其次，升入小学之后，孩子的动手能力集中体现在写作上，孩子手动协调直接影响到他们的字迹工整程度。最后，孩子的手眼耳等的协调能力也十分重要，上课听讲，听老师声音的抑扬顿挫辨别课堂重点，看黑板和老师的表情，并在课本上划线，记简单的笔记。孩子听课的效率如何，由此来体现。幼儿园和家长要适时了解小学的情况，和小学教师座谈，在学前班注意孩子身体的健康成长以及各方面的协调能力。

（2）心理适应

心理适应是指幼儿在心理上做好准备接受离开幼儿园的小朋友和老师，以及家长，做好当一个小学生的心理准备，让孩子在进入小学之后面临新的环境，出现新的问题，能够以一种积极的心态从容面对，努力去克服困难。

让孩子做好接受新生活的准备，最重要的是能给孩子呈现一个新生活的全景，让孩子对新的生活有一个全面正确的认识。这样孩子在小学面临新的事物和差别于以前幼儿园的学习任务时，有足够的勇气和信心去面对，并主动去解决问题完成任务。所以，在心理适应上，家园要充分了解小学生活，为孩子呈现小学生活的情境，培养孩子的主动性（如对周围人和事物的积极态度、对活动的参与欲望、自信心等）、独立性（如自理、自觉的能力，管理学习用品、按要求安排时间、主动完成老师布置的作业等）、人际交往能力（如主动与同伴交往、主动寻求教师等人的帮助）、规则意识与任务意识（如坐姿端正，上课时不喝水、不搞小动作等）、非智力品质等。

（3）能力适应

能力适应是指儿童具备进入小学之后所必须具有的基本学习、交往等各项能力。包括学习上基本的听写能力、简单的背诵和复述能力、计算能力，以及阅读理解等学习能力；生活中基本的交往能力，比如结交新朋友，在班集体中和大家和谐友好相处的能力；良好的学习习惯，能集中精力认真听讲，在老师提出问题时积极思考问题；任务意识，能按时完成老师布置的任务、主动独立完成家庭作业等；基础能力，如观察能力、想象能力等。

在完成上述任务中，家园以及小学教师要通力合作共同促进孩子过渡时期各项能力的培养以提高孩子的适应性。在学前班，要特别注重孩子适应能力的内在衔接，要密切结合家长和小学教育的实际，遵循儿童身心发展的规律，促进其身心共同发展，使其发展水平达到入学儿童的一般水平。

课题二　　如何实现幼小衔接

1 幼小衔接的现状

1）幼小衔接班

幼儿入学存在着种种的不适应，似乎预示着幼小衔接的重要性没有得到充分认识，然而现实情况却往往相反，幼儿的入学不适应与火爆的衔接班同时相互矛盾地存在着。

2）教辅泛滥

与火爆的幼小衔接市场相呼应的是家长自己的投入。目前，各个大城市的实体书店里都有各种各样、成千上万的幼小衔接辅导教材，显得十分"疯狂"，包括语文、数学、综合测试、拼音、描红、识字甚至智力训练等多类别的教辅用书，教材的名称不一、难易程度参差不齐。与此同时，网上的书店也不甘示弱，实体书店所有的衔接材料网上书店几乎全都能够买到，而且种类、数量往往更多，因此销量也十分可观。此外，还有诸多网站上供家长付费下载的幼小衔接软件，也同样是家长们的重要选择。这些材料买回家或者下载后，家长们自然承担起教师的工作，负责为孩子讲解，监督孩子做习题。

3）幼儿园的做法

幼儿园出于各种原因，如家长的需求、教育实验、对幼儿发展的负责等，也努力地采取不同的措施，有的使用的是上级部门指定的材料，也遵循上级的要求；有的则走自己认为正确的路子。

不能否认幼小衔接在学前教育中的重要性，也不能断然否认衔接班的价值，但天价学费的衔接班、把中小学生听起来就有点畏惧的奥数引进幼儿园，是不是能够比较理想地解决幼儿的入学不适应问题？或者说幼小衔接到底怎样做才比较有效，值得我们深思。

一味以赚钱为目的话，往往会违背基本教育教学规律，违背幼儿的身心发展规律，容易造成揠苗助长，导致孩子还没上学就开始厌学，甚至是更严重的后果。

4）家长的态度

高价幼小衔接班之所以在家长圈中行情如此火爆，完全是因为家长"不让孩子输在起跑线上"的心态。很多家长都希望自己的孩子从一开始就能进入拥有优质资源的学校，以后才具备竞争力。显然，上文中的家长对于幼小衔接予以过多的信任和依赖，这样，只能说明家长对幼小衔接的错误认识。

那么，什么才是真正的幼小衔接呢？其任务又是什么呢？家长对于幼小衔接应该抱有一个怎样的看法呢？这些都是值得我们思考的问题。

2 幼小衔接的主要问题

虽然说幼儿园和家长对衔接问题都非常重视，并积极采取了多种措施，但由于相互之间各自为政以及观念偏差等多方面的原因，使得幼小衔接工作仍然存在诸多的问题。

1）理解上的偏差

众所周知，儿童的发展是在阶段性与连续性的统一过程中得以实现的，所以在教育衔接中，不能把各个阶段都割裂开来，只注重阶段而忽视了过程。孩子的成长过程就是一个个衔接的过程，因此，我们应该确立教育衔接的过程观念，根据过程发展的整体要求来开展阶段性的教育工作。具体到幼小衔接问题，幼小衔接是幼儿从出生起就不断进行的过程，是整个学前教育阶段中各个环节的衔接。而现实中，家长和幼儿园往往都是"先松后紧"，在最后时期进行识字、计算等方面的强化训练。这种急于求成的做法忽略了日积月累的重要性，容易导致幼儿在生理、心理等各方面的压力骤然加大，一时难以适应，甚至会使幼儿对未来的学习和小学生活充满恐惧感。

2）衔接工作不到位

一方面，幼儿园努力单方面地向小学靠拢，采取小学化的教学和管理方式，而没有争取小学的合作。在与家长的关系上，衔接形式主要是召开家长讲座；或者邀请家长和幼儿一起去附近的小学参观，让小学教师给幼儿和家长上公开课，以明确小学的要求等。这些做法当然很有必要，但只是表面。因为儿童没有适应能力，无法接受和处理自己所面临的转变，幼小衔接就难以成功。另一方面，家长们把"幼升小"当做孩子第一次正式的"赶考"，绘画、舞蹈、钢琴、小提琴、语数外知识和游泳等，几乎无一落下；幼儿参加面试之前的强化更是不可缺少。

3）衔接效果差

这是幼小衔接中最突出的问题。虽然说幼小衔接班、幼儿园、家长都在如火如荼地进行着这方面的工作，也不能完全否定所取得的成绩，但不可否认的是事倍功半的多，幼儿入学不适应的问题依然存在，不少幼儿还相当严重，有的不适应的状况甚至要持续到小学三年级。

问题的关键主要在于这些衔接大多偏离了衔接的重点，侧重的不是最重要的学习、生活习惯的培养及基础学力的培养，而是技巧和暂时性效果的内容上。一方面，幼儿园的幼小衔接工作大部分只停留在表面上，如带领幼儿参观小学；大班的课桌椅按照小学的要求来摆放；课程时间延长，游戏、活动时间减少；衔接的内容参照小学要学习的内容等。而一些实质性能力的培养，如幼儿的适应能力、注意力的持久性、学习的主动性、积极性、自制力等则常常被忽视。其实，这个问题无论是不是在幼小衔接中都是非常严重的，前面的"师幼互动"及"教学活动的指导"章节都比较具体地论述过这个问题。就幼儿园而言，可以说是幼儿不适应小学学习状况的最主要原因。

另一方面，家长们虽然都知道要对孩子进行适当的衔接，但对不知如何做才是科学、合理的，往往也就把重点放在效果立竿见影的知识技能上，搞提前小学化，而所导致的后果往往是严重的。首先，会影响幼儿的健康成长。因为片面的、侧重技能的衔接，忽视的是孩子学习能力、思维能力等的培养，使得孩子缺乏发展的后劲；而潜能透支又使孩子过早地体验到学习的压力，导致兴趣缺失，同时也失去了童年生活和成长的快乐与和谐。其次，这种顾首不顾尾的衔接也影响到幼儿入小学后的学习。

4）幼小衔接不合规

提起幼小衔接，好像就是幼儿园和家长的事情，这种认识偏颇使得小学的主动性欠佳，不仅不主动与幼儿园接触，还很少考虑初入学儿童的身心特点，使得衔接工作出现单向性。调查研究表明，在衔接的方式上，小学教师多主张设置专门的学前班作为幼儿向小学过渡的形式，而大多数的幼儿园教师主张衔接是在幼儿园中进行的，没有必要专门组织。二者也存在着显著差异。绝大多数的幼儿园教师都尽可能充分利用了，只有1.1%的教师没有利用过；而小学教师利用外部资源的比例就大大减低，6.1%的小学教师没有利用过。可见，幼儿园教师比小学教师更注意对周围环境和社区资源的利用。这种认识偏差，使得小学教师依靠幼儿园或者学前班解决孩子的入学适应问题，而忽视自己在衔接中的责任。

其实，幼小衔接是幼儿园、家长和小学的共同责任。幼教工作者和家长要改变小学在幼小衔接中的配合角色的观念，小学也要树立自身在幼小衔接中的责任意识。小学不仅要配合幼儿园和家长帮助幼儿对小学教育环境、教学形式和学习内容的熟悉，更要注重小学一年级的课程、授课方式、教学组织形式同幼儿园衔接，适当组织儿童进行一些游戏活动，发现学习和探索学习的活动，保持学生的学习兴趣，帮助孩子逐渐养成好的学习习惯，树立规则意识和任务意识，并逐渐提升孩子遵守规则的能力和独立自主完成任务的能力。

另外，幼儿园也应该通过幼儿的"入学考试"给予正确的指导。由于教育资源的有限性，家长们都希望孩子能进入办学质量高、声誉好的小学，而左右为难的幼儿园往往通过内容超前的考试进行"择优录取"、以实现所谓的教育公平。但这种做法恰恰在误导幼儿园和家长通过极端的方式（天价的培训班等）把孩子送进小学的大门，从而助长了不正确的衔接观。为此，小学必须端正科学的教育观，不是把知识的难度，而是把观察力、推理能力、自制力等作为考察的重点。

3 如何实现幼小衔接

进行有效的幼小衔接，必须树立科学的观念，正确看待衔接问题，以指导实践。

1）树立科学的观念

我们必须明确，幼小衔接不是一蹴而就的，幼儿身体的健康成长、知识的增长、幼儿各项能力的发展等都需要一个持续不断的过程。因此，幼小衔接是一个过程，而不是一个阶段，要从孩子出生时起就在日常的生活和学习中进行能力培养、身体训练、心理调适的工作。因此，衔接不是幼儿到了大班下学期才开始的事，短期突击性的衔接班也只是为孩子做些入学前的准备，通过一些学习让孩子了解小学生的作息时间、学习方式、学习习惯等，而不能解决根本性的学习习惯、自我管理能力、学习能力等问题。

2）促进幼儿发展

幼小衔接不是幼儿园和小学之间单方面地靠拢的问题，而是小学、幼儿园及家庭都向儿童靠拢，都要考虑如何促进幼儿的发展。"幼小衔接"本身不再是目的，而是成为促进儿童可持续发展的手段；衔接的关键是从选择适合于教育的儿童转向创造适合于儿童的教育。

3）幼小衔接一体化

儿童的教育是一个系统工程，需要家庭、社区、幼儿园、小学等各种教育环境之间相互配合、相互作用。因此，幼儿园与小学之间要建立平等合作的关系；双方联合开展各种交流和合作活动，同时幼儿园教师和小学教师有意识地增加交流和合作活动的频率；要重视家长的作用，采取家访、家长会、家长学校和向家长开放幼儿园和学校的活动等方式向家长宣传正确的衔接措施，鼓励家长在日常生活中进行"润物细无声"的衔接教育。

4）实现全面衔接

儿童的发展既是阶段性的，又是连续性的，一个孩子决不是在跨入小学的那一天，突然失去幼儿的特点。幼儿发展的连续性规律决定了两个阶段的特点同时并存，相互交叉，幼儿阶段的特点逐渐减弱，小学阶段的特点逐渐增强。幼小衔接不仅是知识、技能的衔接，也是情感、态度、能力方面衔接；不仅有语言、计算能力的衔接，还要有规则意识、任务意识、社会交往等社会能力的衔接；既是智力的衔接，又是德体美育的衔接，只有全面衔接才能使儿童身心发展和谐。幼小衔接既要注重教育的规律，又要重视儿童身心发展的规律，注重衔接的全面性：即儿童生理和心理健康、知识和能力衔接、智力和德育、体育、美育、劳动的全面衔接。

5）全面看待幼小衔接

要坚决摒弃那种"非此即彼"的衔接观。我们分析幼小衔接中出现的问题，不是为了反对对幼儿进行英语、识字、数学等方面的教学，而是采取什么样的方式去教学、教学的关注点在哪里。其实，幼儿应该学什么、不应该学什么，从来都不可能有一个硬性的规定。换言之，幼儿什么内容都可以学，但要采取幼儿能够接受的方式，这也就是美国著名的教育家布鲁纳所说过的：任何学科的知识，都可以以适当的形式，有效地教给处于任何发展时期的任何儿童。

因此，对于我们在案例中提到的问题"幼儿也学奥数到底是幼小衔接还是揠苗助长"，我们首先就要摒弃那种非此即彼的思维方式，因为这样的问题根本就不会有一个公论，因此我们也不需要在这个问题上做唯一正确的选择。问题的关键不在于幼儿应该学什么、不学什么，而在于怎么学。因此，幼儿学奥数到底是不是幼小衔接的有效措施，关键的是怎么学。

同样，"幼儿园的针对性教育和训练、家长给幼儿报辅导班提前进行智力开发和知识学习等行为"，是否就一定"使儿童身心健康受到伤害，明显违背教育规律和幼儿的成长规律"也不能一概而论，问题的关键在于怎样实施的。若幼儿园和家长或者辅导班在对幼儿进行智力开发和知识学习的过程中，注重发展幼儿的思维能力和基础学力、不是让幼儿死记硬背地对他们机械训练，那么我们就应该坚决支持。如，对于数学，让幼儿在寻找排序的规律、图形守恒、看图编题等充满智力性活动中，发展他们的思维能力和分析问题、解决问题的能力；对于拼音、认字等，遵循素质教育的精神，不是小学化地灌输，而是让幼儿在游戏中愉快地发展基础性的能力，如通过儿歌、绕口令、听说游戏等，为幼儿学习拼音打下良好的基础；通过绘画活动、美工活动等，帮助幼儿提高手的控制能力、掌握正确的握笔姿势以及字的基本结构等。

因此，幼小衔接的问题不是要取消与小学有关的学习内容，而是在这种学习的过程中，注意以提高儿童心理素质和适应能力为目的，要加强对儿童的主动性、学习动机和抽象思维能力的培养，缩短儿童的不适应过程，使之较顺利地过渡到小学生活。

课题三　幼小衔接问题的解决策略

1 管理体制调整

1）需要改革管理体制

与国外诸多国家的管理体制不同，一直以来我国的学前教育与小学教育分属于两种教育体系，二者相对独立。因此，实践中，幼儿园和小学就像两条并行的轨道，各行其是，有各自独立的内容和评价标准。这种管理体制上的不同无疑给幼儿的适应带来了诸多障碍，因此建立学前教育与小学教育协调一致的管理体制就显得非常迫切。

2）努力推行幼教、小学师资一体化培养制度

与国外诸多教育发达的国家把幼儿园师资与小学师资一体化培养的制度不同，我国幼儿园教师和小学教师的职前培养及职后培训都分别隶属于不同的系统，这使得双方的教师只理解自己所面对的那个年龄段的孩子的发展情况及教育理念，而缺乏对学生整个发展过程及教育状况的完整全面的认识，因此无论是课程设计还是管理等，都不能统筹安排，无疑增加了幼儿入学的不适应问题。

3）建立前后关联的课程体系

课程方面的衔接是实现学生由幼儿向小学自然过渡的重要尺度。参照国内外的优秀经验，相关部门可以协调起来，组织幼儿园和小学建构幼小衔接阶段的课程及相应的儿童评价体系，实现课程双向互动，避免从一方向另一方的单向靠拢。

2 家长与学校合作

当然，幼儿园、家长及小学不能坐等政府层面的解决，而必须从现实入手，共同努力。

1）帮助孩子养成良好的生活常规和任务意识

　　家长要培养孩子自己的事自己做的能力和习惯，减少依赖性。在日常生活中，让他们学会自己起床睡觉，脱穿衣服鞋袜，铺床叠被；学会洗脸、漱口、刷牙、洗手、洗脚、自己大小便；学会洗简单的衣物，如小手绢、袜子、餐巾等；学会在活动、游戏前后，拿出或放回玩具、图书、其他用具等；做一些力所能及的劳动，如叠衣服、帮忙倒垃圾、扫地、抹桌椅等，让孩子慢慢地从被动接受任务过渡到主动完成任务，帮助孩子树立任务意识。同时，要帮助孩子安排好作息时间，按时睡觉按时起床；合理分配作业和娱乐的时间。

2）尽早开始培养孩子良好的学习习惯

　　孩子一岁半时起，家长就应该为孩子创设一个温馨的学习、涂涂画画的场所，包括适当的桌椅、书籍、可供孩子随意涂抹的纸笔等。随时随地带一本书在身边，让孩子意识到读书、创作等就像吃饭、睡觉一样自然，是自己日常生活必不可少的一部分。如此，即可培养孩子的学习能力，也会养成良好的学习习惯。

3）重视孩子思维能力的培养

　　我们既要重视对幼儿的知识传授，也要重视对幼儿思维的培养。在传授给幼儿知识之前，首先要做的是要教会幼儿学会思考、学会感知、学会观察，根据明确的目标，发挥直观教学的重要功能，发挥大自然在智育中的巨大作用，让儿童能根据物体的形状、颜色、大小、声音等进行思考，把这些因素作为促进幼儿思维发展的教学手段。

　　因此，无论是幼儿园还是小学，都应该要避免形式主义，避免虚假的自主、虚假的合作、虚假的探究、虚假的渗透，而真正把孩子思维能力的培养、孩子获得知识的过程、方法及孩子的情感体验作为重点。

参考文献

［1］梁志燊. 学前教育学［M］.3版.北京：北京师范大学出版社，2014.

［2］虞永平，王春燕.学前教育学［M］.北京：高等教育出版社，2012.

［3］郑健成.学前教育学［M］.2版.上海：复旦大学出版社，2014.

［4］李生兰.学前教育学［M］.3版.上海：华东师范大学出版社，2014.

［5］全国十二所重点师范大学.教育学基础[M].3版.北京：教育科学出版社，2014.